Les 33 questions auxquelles ILS n'ont toujours pas répondu

Christian Perronne

Les 33 questions auxquelles ILS n'ont toujours pas répondu

Albin Michel

Sommaire

Question 1

Comment les médias vous ont-ils traité ?

Depuis le début de la crise, j'ai été la cible de toutes les attaques. J'en ai pris plein la gueule, pour le dire poliment. Ce qu'on me reproche ? D'avoir dit tout haut ce que nombreux pensent tout bas. D'avoir dénoncé les mensonges du gouvernement, des politiques, des laboratoires, des médecins. Sans jamais avoir changé de discours. Et de l'avoir fait au vu et au su de tous, sur les plateaux de télévision et dans les journaux.

Depuis ma première intervention en mars 2020 à propos du Covid jusqu'à aujourd'hui, j'ai été affublé de surnoms plus ou moins aimables de la part des journalistes – si on peut les appeler ainsi pour certains –, quand ces derniers ne m'ont pas purement et simplement insulté : « charlatan », « fou », « complotiste ». Morceaux choisis.

Le Point a titré, le 11 novembre 2020 : « Les ravages de M. Perronne. Un professeur de médecine, toujours en exercice, a inspiré un film complotiste et enrôlé dans sa croisade des idiots utiles. Pathétique ! » Pour *Le Monde*, dans un article datant du 18 novembre 2020, j'ai été le « médecin référent des complotistes », selon le titre du journal. *La Voix du Nord* m'a aussi fait l'honneur de me traiter, le 17 décembre 2020, de « star des complotistes ». *L'Express*, le 1er avril 2021, m'a qualifié de « chef des théories alternatives ». Pour *Paris Match*, enfin, ce même 1er avril 2021, je suis un « professeur à la dérive » ou encore « l'une des blouses blanches les plus en vue dans la sphère complotiste ».

Je ne citerai que ces médias, j'ai trop d'autres choses à vous dire dans ce livre pour m'appesantir davantage. D'autant que d'autres organes de presse ont, tout en restant parfois fort critiques, continués à faire loyalement leur métier d'informer : ce fut notamment le cas du groupe *Le Figaro* mais aussi par exemple celui du quotidien *Ouest-France*, et de bien d'autres.

C'est un honneur, de toute façon, pour moi, d'être dénigré, harcelé même parfois, parce que j'ai pu, grâce à ces « règlements de comptes », croiser des gens que je n'aurais jamais rencontrés sans cette crise et qui m'ont tous soutenu jusqu'à aujourd'hui.

Je ne pourrais lister les médecins m'ayant apporté leur soutien sans monopoliser la parole pour les cinq années à venir ! Et il me faudrait ajouter encore cinq années pour dénombrer les Français bouleversants rencontrés lors de manifestations, marches ou encore réunions. Les accusations et même les insultes dont j'ai fait l'objet m'ont permis de côtoyer des milliers de résistants.

Alors oui, je l'affirme dans ce livre : je ne regrette rien de ce que j'ai déclaré ou fait depuis le début du Covid, et comme on dit, si c'était à refaire, je recommencerais à l'identique. À une exception près. J'irais bien moi aussi, s'il y avait à l'avenir une nouvelle crise sanitaire, manger dans un restaurant clandestin, comme certains journalistes qui m'avaient accablé en leur temps de leurs leçons de morale !

Question 2

Qu'avez-vous fait pour mériter ça ?

Comme chaque personnel soignant, qu'il soit en poste dans un Ehpad de province ou chef de service d'un grand hôpital parisien – ce qui était mon cas au début de la crise du Covid –, j'ai voulu y croire. J'ai attendu chaque intervention des deux ministres de la Santé successifs, Agnès Buzyn et Olivier Véran, du directeur général de la Santé, Jérôme Salomon, des représentants du Conseil scientifique, le professeur Delfraissy en tête, avec impatience et espoir. Persuadé que, cette fois, ce serait « la bonne ». Que serait annoncée la distribution de masques et de matériel de protection pour les soignants, et que les malades seraient isolés le temps de les traiter le plus rapidement possible.

J'ai cru Agnès Buzyn, alors ministre de la Santé, quand elle a déclaré que l'épidémie, comme le nuage de Tchernobyl, s'arrêterait à la frontière. J'ai attendu pendant quarante-quatre jours, jusqu'au

23 février, les décisions énergiques d'Olivier Véran, nouveau ministre de la Santé, à l'époque. Un jour, j'ai jeté ma charlotte, mes gants et mon masque avant de quitter l'hôpital de Garches, ignorant que le lendemain je serais probablement amené à les rechercher au fond de la poubelle.

J'ai aidé de mon mieux des équipes au bord de la rupture, effarées, sidérées que rien ne se passe. Ou plutôt de voir que ce qui se passait allait à l'encontre du bon sens.

J'ai attendu, attendu, mais rien n'est jamais venu. Pire : le gouvernement nous a menti. Sur tout. Je ne reviendrai pas sur les mensonges d'État dont le gouvernement s'est rendu coupable, ils ont tous éclaté au grand jour aujourd'hui : les masques, les tests, les vaccins, le confinement… Alors j'ai pris les choses en mains. Avec quelques collègues médecins, nous avons demandé des explications à la télévision, à la radio, dans les journaux. Nous ne pouvions nous résoudre à voir le nombre de morts augmenter chaque jour.

Mais en France, aujourd'hui, on ne critique pas le Système impunément. Au pays des droits de l'homme et de la liberté d'expression, on ne s'oppose pas aux décisions absurdes de nos dirigeants. Dans notre démocratie, on ne remet pas en question les prises de position des spécialistes, et encore moins de ses collègues – et parfois amis – médecins. Surtout si on apporte des preuves de ce qu'on dit.

Si on a le courage de parler, en France, aujourd'hui, on vous discrédite. On vous insulte. On vous empêche de travailler. On vous retire ce que vous avez mis des années à construire. J'ai eu très peu affaire à la justice de ce pays : comme j'ai les preuves de ce que j'affirme, très peu de personnes citées dans mes deux précédents livres ont intenté de procédures. En revanche, Martin Hirsch, directeur de l'AP-HP à l'époque[1], a annoncé publiquement « avoir mis fin » à mes fonctions de chef de service des maladies infectieuses de l'hôpital Raymond-Poincaré de Garches le 17 décembre 2020. Notamment pour avoir dit ce que tout un chacun pouvait lire sur le site de la CPAM (Caisse primaire d'assurance maladie) des professionnels, proposition abandonnée depuis[2]. Comme il avait déposé plainte auprès du Conseil de l'Ordre des médecins, j'avais reçu une demande d'explications du Conseil national avant

1. Martin Hirsch a démissionné de son poste le 17 juin 2022 et a été remplacé par Nicolas Revel le 5 juillet 2022.

2. Le 15 octobre 2020, sur les ondes de Sud Radio, j'affirme qu'« un médecin généraliste qui déclare un test Covid positif d'un de ses patients touche de l'argent » et qu'« il a donc intérêt à faire beaucoup de tests ».

une éventuelle comparution devant la chambre disciplinaire régionale de l'Ordre, qui finalement a eu lieu en septembre 2022.

Martin Hirsch et le professeur Bruno Riou, président de la Conférence des doyens de santé d'Île-de-France, ont argumenté leur décision de m'enlever ma chefferie de service ou celle de m'interdire de continuer à encadrer des étudiants en mettant en cause ma légitimité. Ils se sont appuyés sur une dénonciation calomnieuse qui s'est révélée totalement fausse, constats d'huissier à l'appui. Bizarrement, mes plaintes auprès du tribunal pénal sont restées sans suite ! Quoi qu'il en soit, je pense, j'espère avoir montré au cours de mon audition par le Conseil de l'Ordre l'inanité des accusations portées contre moi par un jeune collègue très procédurier. Des collègues, qui étaient mes amis, ne souhaitant pas être en porte-à-faux avec les autorités sur la gestion calamiteuse du Covid-19, m'ont par ailleurs démis, dans des conditions très contestables, de mes fonctions de président du conseil scientifique de la FFMVT (Fédération française contre les maladies vectorielles à tiques – dont la maladie de Lyme) et vice-président de cette fédération que j'avais moi-même cofondée. Cette décision arbitraire a suscité la colère des malades atteints de maladie de Lyme chronique et l'indignation des médecins qui osent soigner ces malades, rejetés par les autorités et les institutions médicales.

Martin Hirsch, qui a, lui, un large accès aux médias, a dit, pour justifier mon éviction, que mes propos étaient « indignes de la profession » que j'exerçais. Qui est indigne dans l'histoire ? Qui fait honte à sa profession, à sa fonction ? Moi, qui m'appuie sur des faits avérés pour dénoncer des mensonges, ou nos dirigeants, qui eux prennent les décisions ? De qui se moque-t-on ?

Je ne suis bien sûr pas le seul médecin, en France et dans le monde, à m'être indigné publiquement[1]. Je ne suis pas le seul citoyen à avoir voulu qu'on me dise la vérité, à m'être rebellé. On nous a tous traités de dingues, de « complotistes ». Ai-je pour autant jamais regretté aucune de mes paroles ? Non ! « Est-ce que le jeu en valait la chandelle ? », me demandent parfois les gens. La réponse est toujours la même : Oui. « Est-ce que la colère a disparu ? » : Non ! Près de trois ans après le début de ce fiasco, ma colère, mon dégoût restent entiers.

---

1. Voir mon livre *Décidément, ILS n'ont toujours rien compris !*, Albin Michel, 2021.

Question 3

Trois ans après le début de la crise, que s'est-il passé ?

Pendant ces trois années de gestion de la crise sanitaire par l'État français, les scandales se sont succédé, alimentés par une désinformation scientifique qui marquera l'histoire de la médecine. En premier lieu les masques, d'abord déclarés inutiles parce que non disponibles, puis indispensables et même obligatoires, y compris en pleine campagne ; les tests qui, à force d'être pratiqués sur des gens non malades, ont généré ce que j'appelle une « épidémie de tests » ; les vaccins – sur lesquels je reviendrai plus loin. J'ai déjà eu l'occasion de contester ce qu'on appelle la « politique » sanitaire[1].

Alors que la France essuie sa septième vague à l'été 2022, quel bilan tirer de l'action du gouvernement ? L'État, Emmanuel Macron en tête, n'a cessé, depuis trois ans, au mépris des lois fran-

1. Voir *Y a-t-il une erreur qu'ILS n'ont pas commise ?*, Albin Michel, 2020.

çaises et européennes, de se conduire en autocrate, créant un « despotisme à la française », décidant de tout seul et prenant des décisions qui ont mis en danger les Français tout autant que le Covid. Il s'est octroyé lui-même les pleins pouvoirs par la création d'un état d'urgence sanitaire dès mars 2020, régime coercitif prolongé six fois. Mis en place pour une durée de deux mois à compter de l'entrée en vigueur de la loi du 23 mars 2020 sur tout le territoire, l'état d'urgence sanitaire a été prolongé par la loi du 11 mai 2020 jusqu'au 10 juillet 2020 inclus, puis, par la loi du 9 juillet 2020, uniquement sur les territoires de la Guyane et de Mayotte, jusqu'au 30 octobre 2020. Il a ensuite été déclaré une nouvelle fois par décret à compter du 17 octobre 2020 sur l'ensemble du pays, prorogé jusqu'au 16 février 2021 puis, par une autre loi, jusqu'au 1er juin 2021 et jusqu'au 31 juillet 2022 par la loi du 11 novembre 2021.

Ce régime d'exception, parfaitement illégal en droit européen, censé durer quelques semaines, a perduré deux ans sans que personne s'y oppose. Il a porté atteinte à nos libertés, publiques et individuelles. Il a permis les confinements, les couvre-feux, les sorties réglementées et l'obligation d'attestations absurdes – plus de cinq cents parlementaires mobilisés pour inventer une attestation de sortie que chacun pouvait remplir seul et multiplier à l'infini !

Le président et son gouvernement ont participé à un autre scandale, d'une ampleur internationale dramatique cette fois : en tant que membre de l'Union européenne, la France a accepté un précédent juridique catastrophique pour le patient qui chercherait réparation auprès d'un laboratoire. Dans chaque contrat d'approvisionnement passé entre l'Europe et les fabricants de vaccins, non seulement des garanties financières ont été accordées aux fabricants, « du fait de la production inédite des vaccins, du peu de recul sur d'éventuels effets secondaires et des risques encourus par les laboratoires », mais une clause les exempte de poursuites judiciaires en cas d'effets indésirables potentiels. Les négociations avec les laboratoires n'étant pas rendues publiques, impossible de connaître les détails des accords conclus.

Il aura fallu deux ans avant qu'un avocat dépose un recours contre le contrat qui lie l'État et le laboratoire Pfizer[1]. L'homme défend un adolescent de 13 ans devenu presque totalement aveugle après avoir reçu une injection du vaccin Pfizer. Pour l'avocat – comme pour moi –, qui a précisé qu'il n'était ni antivax ni complotiste – comme moi ! –, et qu'il était personnellement vacciné, il ne fait aucun doute que le laboratoire a imposé cette

1. *La Dépêche*, 31 janvier 2022.

clause à l'État français, que ce dernier a acceptée pour recevoir les doses. Il a donc déposé un recours devant le tribunal administratif de Paris, précisant que cette fameuse clause était illégale dans des contrats publics. Cette plainte est pour lui nécessaire afin de savoir qui va indemniser les victimes en cas de problèmes liés à cette vaccination. Pour moi, elle marque enfin le début de la rébellion des citoyens face à presque trois ans de décisions inacceptables et dangereuses prises sans leur consentement.

Pour finir, après cette longue gestion chaotique de la pandémie, une question me taraude : comment certains ministres sont-ils toujours dans le paysage politique, et à des postes importants, malgré leur gestion catastrophique de la crise sanitaire ? Même si elles ont été classées sans suite en janvier 2022, près de 20 000 plaintes concernant le passe sanitaire et la promotion de la vaccination contre le Covid-19 visaient Agnès Buzyn, Édouard Philippe, Jean Castex, Jean-Michel Blanquer, Jean-Baptiste Djebbari et Olivier Véran. Les élections étant passées par là, un grand nombre a cédé la place. Mais pas Olivier Véran. Qui a été nommé, le 4 juillet 2022, porte-parole du gouvernement. Rien que ça.

Question 4

Le Conseil scientifique et moi : pourquoi tant d'acrimonie ?

Après trois ans de crise sanitaire, qu'ai-je à dire sur le Conseil scientifique et son président, Jean-François Delfraissy ? Je ne regrette aucun de mes propos à leur sujet ; j'assume chaque parole prononcée jusqu'à aujourd'hui concernant l'existence d'un Conseil totalement déconnecté de la réalité, son inadaptation chronique à réagir à des situations d'urgence, la nomination de ses membres, les décisions qu'ils ont prises et les erreurs qu'ils ont commises.

Mais j'admets qu'avec le temps leurs positions et les miennes ne sont plus si diamétralement opposées. Surtout celles de son très médiatisé président, que j'ai connu interne en médecine en 1978 et avec lequel j'entretiens des relations somme toute cordiales. Quel que soit le média où il était invité, il n'a longtemps rien annoncé de concret. Ses interventions, très alarmistes, inquiétaient inutilement les Français massés devant leur écran de télévision (ou de smartphone). Il a été un des artisans du premier confinement et avait l'oreille attentive d'Emmanuel Macron. Jusqu'en janvier 2021, où le président, fidèle à son habitude de trancher seul, décide alors de se passer de l'avis du Conseil scientifique et refuse le nouveau confinement que préconisent ses membres.

Depuis, Jean-François Delfraissy, régulièrement désavoué, et sûrement lassé de devoir donner un avis que personne ne suit plus désormais, a un peu disparu des plateaux de télévision. Pourtant, il renonce parfois au « politiquement correct » en vigueur. Le 22 juillet 2021, il lâche devant le Sénat : « Ces vaccins ne protègent pas totalement contre la transmission, c'est un concept différent du vaccin que vous connaissez […]. Est-ce qu'il y a des effets secondaires des vaccins ? Réponse oui ! […] Est-ce qu'on a une vision de long terme des vaccins ARN ? Non ! » Invité de France Inter, le 17 novembre 2021, il réitère : « On s'est aperçu que ces vaccins protégeaient finalement assez peu ou mal contre l'infection et la transmission. Alors je sais que c'est difficile à comprendre pour le public, c'est difficile à comprendre pour les médecins. C'est parce que d'habitude un vaccin protège. »

Aveu d'impuissance ou prise de conscience ? Ses prises de position récentes me montrent que nous ne sommes plus si loin l'un de l'autre.

Le 15 mars 2022, sur une vidéo devenue virale, on entend Jean-François, en grande discussion avec un étudiant après une conférence à Sciences Po Lille, « désavouer la vaccination pour la population générale[1] ». Mon collègue dit sans détour à propos de la politique gouvernementale : « [...] C'est une vraie question, que je n'ai pas totalement résolue dans ma tête. Pourquoi vacciner une population jeune, qui a nettement moins [de risque] de développer une forme sévère ou des formes graves ? Alors on l'a fait, à la fois parce qu'il y a un risque qui existe quand même, qui n'est pas nul, et parce qu'il y avait également une vision de protection contre l'infection. Sauf qu'en effet, et je suis le premier à vous l'avoir dit, ces vaccins protègent modérément contre l'infection. On ne peut pas dire qu'ils ne protègent pas : ils protègent modérément. Donc, du coup, plus on va vers la tranche d'âge des plus jeunes, plus – en effet – le bénéfice individuel est difficile à mettre en évidence. » Enfin une parole sensée, qui ne peut que me réjouir : je n'ai en effet jamais dit – ou écrit – autre chose !

De même, lors d'une interview donnée sur RTL le 30 juin 2022[2], interrogé sur la septième

1. https://www.facebook.com/watch/live/?ref=match_permalink&v=1580674918985194.

2. https://rtl.fr/actu/debats-societe/invite-rtl-coronavirus-jean-françois-delfraissy-recommande-lui-aussi-le-port-du-masque-7900168875.

vague du Covid en cours en France, Jean-François affirme en substance que la France et en premier lieu ses hôpitaux vont faire face sans difficulté si les plus de 60 ans font leur dose de rappel. Il ajoute que la vaccination du reste de la population n'est pas, à ce stade, recommandée, que le port du masque l'est lui, en revanche, dans les espaces clos, mais non obligatoire, et que, pour le bien de notre démocratie, il faut que la loi d'urgence sanitaire prenne fin le 31 juillet 2022 comme prévu. Que de douces paroles à mes oreilles ! Quelle joie d'entendre ce médecin de renom pour qui j'avais beaucoup d'estime revenir à des positions non seulement proches des miennes mais de bon sens et donc utiles à la population !

J'ai beaucoup critiqué le Conseil scientifique, mais je dois avouer qu'aujourd'hui, si les prises de parole de son successeur sont de cet ordre, il aura désormais mon total soutien.

J'ai été épaté d'entendre Jean-François Delfraissy, en juillet 2022, lors de la dissolution du Conseil scientifique, reconnaître les défaillances de certains vaccins, l'échec des mesures prises, et le fait qu'on n'aurait pas dû restreindre les libertés mais tenir plus compte de l'avis de la population.

Question 5

Ont-ils fait mieux ailleurs (ou pas !) ?

Trois ans bientôt que le Covid a fait basculer la planète dans un scénario digne des plus anxiogènes blockbusters d'anticipation – ou des plus gros nanars de la création, chacun son point de vue. La gestion par le gouvernement français de cette crise sans précédent est un exemple de ce qu'il ne fallait surtout pas faire, un fiasco généralisé dans tous les domaines. Bref, une honte.

J'entends déjà ceux qui me rétorquent : « OK, mais ailleurs, c'est pire ! » Un organisme indépendant australien, l'Institut Lowy, a évalué une centaine de pays sur six critères, dont les dispositifs de dépistage, les cas confirmés de coronavirus et le nombre de décès. L'index paru le 21 janvier 2021, soit un an après le début de l'infection planétaire, montre que la Nouvelle-Zélande assure. Nombre de cas actifs : 76. Nombre de décès Covid : 25. Sur une population d'un peu plus de 5 millions d'habitants. Le pouvoir néo-zélandais a été très bon en mettant en place, dès le début de la maladie, des contrôles aux frontières et l'isolement des gens infectés. Bonne politique – et peut-être aussi bons gènes –, le pays déplore à ce jour 231 décès. La France ? Presque 142 000.

Je vous épargne la liste dans l'ordre des pays qui ont mieux géré le Covid que nous, d'une part parce qu'elle est très longue, et, d'autre part, parce que vous vous sentiriez, comme moi quand j'ai lu le classement, trop humiliés. Parmi les États qui ont été meilleurs que nous, on trouve notamment le Bangladesh, le Kazakhstan. C'est tout ? Non, il y a aussi le Népal, le Sri Lanka, le Botswana, l'Ouzbékistan, et le Suriname ! Le dernier – et bon dernier – est le Brésil, dont le président, Jair Bolsonaro, a été inconscient, en pleine épidémie, au point de refuser de prendre des mesures sérieuses contre la pandémie afin de protéger l'économie nationale. Nombre de morts Covid au Brésil : 600 000.

Il faut descendre à la soixante-dix-huitième place sur les quatre-vingt-treize pays étudiés par l'Institut Lowy pour trouver la France. Une honte, je vous dis.

Question 6

Pourquoi l'OMS a-t-elle été en dessous de tout ?

Depuis le début de la pandémie, l'Organisation mondiale de la Santé, celle qui chapeaute les décisions planétaires en matière de santé, à laquelle tous les États sont censés se référer avant de prendre la moindre décision en période de crise sanitaire, n'a cessé de s'agiter, de publier des communiqués. Mais avec quels résultats ? À quoi a servi l'OMS dans la crise du Covid ? Réponse : à rien ! Contrairement à ce qu'elle veut faire croire sur son site Internet[1], où elle détaille, comme pour s'en convaincre elle-même, ses actions. C'est un étrange bilan en forme d'autopromotion :

– 134 points presse tenus par le directeur général et le directeur exécutif du Programme OMS de gestion des situations d'urgence sanitaire, et

1. Le 29 janvier 2021, l'Organisation mondiale de la santé présente sur son site Internet une « Chronologie de l'action de l'OMS face au Covid-19 ».

41 présentations et séances d'information des États membres ;
– La mise en place de réseaux d'experts internationaux pour traiter divers thèmes, notamment la prise en charge clinique, les analyses de laboratoire et la virologie, la lutte anti-infectieuse, la modélisation mathématique, la séro-épidémiologie (l'évaluation du nombre de personnes ayant été exposées à un micro-organisme, ou à un vaccin, et qui développent des anticorps), et la recherche-développement en produits de diagnostic, thérapies et vaccins. Ultime précision : « Ces réseaux se sont réunis fréquemment par téléconférence à partir de début janvier 2020. Ils regroupent des milliers de scientifiques et de professionnels de la santé et de la santé publique du monde entier. » Trop forte, l'OMS !
– La création d'un « Groupe consultatif stratégique et technique sur les risques infectieux (STAG-IH) », qui s'est réuni 57 fois depuis le début de la fin du Covid : « Le STAG-IH fournit au Programme OMS de gestion des situations d'urgence sanitaire des analyses et des conseils indépendants sur les risques infectieux susceptibles de constituer une menace pour la sécurité sanitaire mondiale. » Bluffant, non ? Impressionné par la mission de ce « Groupe

consultatif stratégique et technique », je me suis mis en quête de leurs rapports. Ils tombent des mains. On n'enfonce plus des portes ouvertes, on prend les gens pour des demeurés. « Le Covid-19 et d'autres événements mondiaux récents (notamment le SRAS en 2003, la grippe aviaire en 2006, la grippe H1N1 en 2009 et le MERS, coronavirus du dromadaire en Arabie, en 2012) ont alerté le monde sur la menace que représentent les virus respiratoires. [...] Malgré leur diversité, ces virus ont probablement des répercussions communes sur la santé publique, ce qui offre une possibilité d'élaborer des politiques et des plans d'intervention communs. » « Probablement » ? L'OMS au mieux de sa forme !

Ce mystérieux « Groupe » fait aussi un certain nombre de propositions pour sortir de l'épidémie : « [...] privilégier une approche transversale axée sur les syndromes plutôt que sur les agents pathogènes [...] l'importance de la lutte anti-infectieuse [...], cette intervention étant gravement négligée. » Comment une organisation de renommée mondiale, réunissant les plus grands experts, censée donner la direction à suivre au monde alors qu'une pandémie menace, peut-elle balancer des banalités aussi inutiles ?

En d'autres termes, à quoi toutes ces réunions, ces discussions, ces experts et autres spécialistes censés nous éclairer sur la route à suivre ont-ils servi ? À pas grand-chose ! Non seulement l'OMS a mis un temps infini à alerter le monde qu'une vague épidémique allait déferler, à cause d'une succession de ratés qui font froid dans le dos, mais, une fois qu'elle a pris la mesure des dangers et rendu des recommandations – le fondement même de son existence –, les pays qui les ont suivies tiennent sur les doigts d'une demi-main.

L'OMS – c'est elle qui le dit sur son site – a appris l'existence du Covid… presque par hasard, sur Internet, le 31 décembre 2019. Le bureau chinois de l'organisation explique avoir « pris connaissance d'une information présentée sur le site web de la commission sanitaire municipale de Wuhan faisant état de cas de "pneumonie virale" à Wuhan ». La machine administrative se met ensuite en route : le bureau informé met au courant un deuxième bureau, celui du Pacifique occidental, qui informe un troisième bureau. Ça fait donc trois bureaux de l'OMS avertis d'un cas suspect de pneumonie.

C'est là que la belle mécanique s'enlise : l'office central appelle-t-il les autres pays du monde pour les en informer ? Non ! C'est même tout l'inverse qui se produit : l'OMS croule sous les appels inquiets des différentes nations, qui ont appris, on ignore comment, l'existence de cette maladie. Durant la première semaine de janvier de l'année 2020, l'OMS continue de brasser de l'air : elle prévient d'autres bureaux, crée des groupes de réflexion censés mettre en place des stratégies rapides en cas d'épidémie mondiale, active ceux qui existent – comme l'équipe d'appui à la gestion des incidents, l'IMST, afin d'orienter la Chine sur la marche à suivre –, demande des informations complémentaires à la Chine pour étayer ses décisions. Mais, sur le fond… rien.

Ce qu'il sort de cette débauche d'énergie : une lettre de soutien à la République populaire, sans que soit avancée aucune idée sur ce qu'il faut faire, et un tweet[1] – vous avez bien lu – dans lequel l'OMS fait part au monde de l'existence d'un groupe de cas de pneumonie – sans issue mortelle – à Wuhan, en précisant que des enquêtes sont en cours pour en déterminer la cause.

Il faut attendre le 5 janvier pour que l'Organisation se réveille et fournisse enfin des informations détaillées sur le groupe de cas chinois via le système d'information sur les événements, accessible à tous les États membres. Et un premier conseil : « prendre des précautions pour réduire le risque d'infections respiratoires aiguës ». Gag ?

1. https://twitter.com/WHO/status/1213523866703814656?s=20.

Il aura fallu une semaine à la plus importante organisation de santé mondiale pour expliquer aux nations, dont la moitié sont alors en hiver, de faire attention aux virus !

C'est le 10 janvier, soit cinq jours plus tard, après avoir enchaîné les téléconférences avec les réseaux d'experts mondiaux, réuni des organismes dans tous les sens, qu'est lâché le mot « coronavirus ».

Le directeur général de l'OMS s'entretient avec le chef de la Commission nationale de la santé chinois et le directeur du Centre chinois de contrôle et de prévention des maladies, puis, quelques heures plus tard, l'OMS se réveille et publie ses recommandations :

– Triage, identification et confinement des malades dans les hôpitaux ;
– Hygiène des mains et port du masque, toujours dans les hôpitaux ;
– Patients infectés dans des chambres individuelles et tenue d'un registre sur les visites ;
– Formation du personnel en charge des patients Covid ;
– Ventilation maximale dans les établissements de santé, sachant que la moitié du globe est en hiver, et désinfections régulières des lieux.

Mais le 11 janvier 2020, le virus devient mortel : la Chine annonce son premier mort du

Covid. Et il s'étend au reste du monde, avec un premier cas en Thaïlande. L'OMS prend ses responsabilités et demande au monde de faire des tests PCR à la pelle. Pour immédiatement se tourner en ridicule en déclarant que « les dernières informations reçues et l'analyse de l'OMS tendent à démontrer l'existence d'une transmission interhumaine limitée ». Après 41 cas de Covid en quinze jours.

Comme les cas se multiplient courant janvier – au Japon, aux États-Unis, en France –, l'OMS convoque des comités d'urgence, part à Wuhan, bouge dans tous les sens pour finalement lancer des tutos et propose des formations au monde sur le thème : dépistage massif.

Que font alors les pays ? Nous, en France, on en est toujours à se demander où on pourrait bien trouver des masques, du gel et des soignants, on est à des années-lumière d'une organisation cohérente, même partielle.

Mi-février, le directeur de l'OMS tape enfin du poing sur la table en adressant trois demandes à la communauté internationale : « de saisir l'occasion pour intensifier la préparation, d'adopter une approche qui mobilise l'ensemble des pouvoirs publics et de se laisser guider par la solidarité et non la stigmatisation ». Il fait également part de son inquiétude devant le « manque d'empressement de la communauté internationale à financer la riposte ». L'Organisation sort enfin du coma. Mais trop tard.

Jusqu'à début mars, elle martèle qu'il faut protéger, dépister, isoler, traiter : « Nous ne le répéterons jamais assez fort, ni assez clairement ni assez souvent : tous les pays peuvent encore modifier le cours de cette pandémie s'ils détectent, dépistent, traitent, isolent, retracent les cas et mobilisent leurs populations pour la riposte. » Mais le monde continue de s'en foutre. La France en tête : aucun de nos ministres ne parle plus de l'OMS. Pire : les décisions gouvernementales vont à l'encontre des préconisations, puisque Sibeth Ndiaye, porte-parole du gouvernement, explique en direct à la télévision que le masque ne sert à rien. Nous, on est en pénurie de tout. À la place, on applaudit les soignants.

À partir du mois de juin, l'OMS change de tactique : puisque chaque pays n'en fait qu'à sa tête, elle décide d'assurer elle-même son autopromotion. Terminées, les recommandations que personne ne suit, place à l'autocongratulation !

Elle continue pourtant de tenter de jouer le rôle que lui a assigné l'ONU : le 22 juillet, l'OMS et les Nations unies lancent « le Covid-19 Law Lab », base de données sur les lois adoptées dans plus de 190 pays pour faire face à la pandémie.

L'objectif est de veiller à ce que les lois protègent la santé et le bien-être, tout en respectant les droits humains. Parfait sur le papier. Vu le nombre de ministres aujourd'hui poursuivis, l'existence même de cette base de données est une insulte et à l'Organisation et à sa raison d'être.

Après avoir, pendant des mois, supplié, exigé, imploré, demandé, invité, invectivé, prié les pays d'agir comme elle le suggérait, visiblement lassée d'être considérée comme accessoire par les États membres, l'Organisation cherche à exister de nouveau sur la scène internationale en lançant, à l'été 2020, des initiatives de santé publique qui n'ont rien à voir avec le Covid : journée mondiale de ceci, année internationale de cela. Elle lance aussi la campagne « We Are #InThisTogether » « qui vise à promouvoir la collaboration et le respect de cinq mesures clés pour lutter contre le Covid-19 [se laver les mains, porter un masque, tousser en toute sécurité...] ».

Comment cet organisme de renommée mondiale, censé être respectable et respecté, regroupant 194 États membres, avec un budget de 5,62 milliards de dollars – dont 50 % sont financés par des contributions des États membres –, dont le but est d'amener « tous les peuples [...] au niveau de santé le plus élevé possible », est-il devenu une vulgaire agence d'autopromotion ?

On finit par lui proposer de donner son avis sur les vaccins en préparation. Le 16 novembre 2020, tous les chefs d'État misent sur le vaccin, jurent leurs grands dieux que ce sera LA réponse, la seule – l'unique ! – qui terrassera le virus. Or l'OMS déclare le même jour, par la voix de son directeur : « Un vaccin ne permettra pas à lui seul de mettre un terme à la pandémie. » Une déclaration incroyable de lucidité !

Pas plus cette fois que les autres, les chefs d'États membres de l'OMS ne relaieront ces propos. Depuis, l'OMS sort parfois une tête de son tombeau, pour déclarer notamment, comme en janvier 2021, que le monde est « au bord d'un échec moral catastrophique », ou encore : « S'il [le rappel dénommé Booster] doit être utilisé, c'est mieux de se concentrer sur les groupes à risque de faire des formes graves de la maladie et de mourir, plutôt que, comme on peut le voir, certains pays qui donnent des boosters pour tuer des enfants [*sic*], ce qui n'est pas correct[1]. » Cette allocution a eu un écho retentissant chez ceux qu'on appelle « les complotistes », puisque le directeur de l'OMS avouait lui-même que le vaccin pouvait tuer des enfants ! Le service de presse de l'Organisation s'est empressé de rattraper la gaffe en expliquant :

1. https://www.youtube.com/watch?v=ue6ptrh4jm.

« Le patron de l'OMS, s'exprimant en anglais, a buté sur la première syllabe du mot *children* (enfants) qui est alors devenu… *kill* (tuer), juste avant d'enchaîner sur *children.* » Ce qui a donné, à l'oral « pour tuer les enfants », au lieu de « pour les enfants »…

Ainsi naquit, vécut et meurt l'OMS dans une indifférence mondiale assumée.

Question 7

Le président s'est-il arrogé les pleins pouvoirs ?

Dès le début de l'épidémie, Emmanuel Macron s'est mis hors la loi des conventions internationales. Il existe en effet, au-dessus des lois françaises – dictées par le président de la République, et que nous devons, nous, le peuple, respecter – d'autres lois auxquelles nous devons nous plier avant même d'obéir à la législation de notre pays. Y compris le président. La France a en effet signé le 4 novembre 1950, comme 46 autres États, la Convention européenne de sauvegarde des droits de l'homme, qui doit être respectée par les pays signataires.

Sans jamais l'avouer, Emmanuel Macron applique l'article 16 de la Constitution française, qui dit qu'on peut suspendre l'exécution des engagements internationaux de la France pour protéger la nation d'un péril très grave. En clair : que le président est autorisé à prendre les pleins pouvoirs.

Mais Emmanuel Macron, malin, n'a pas utilisé

l'article 16. Il aurait dû pour cela justifier son choix, et donc annoncer au peuple qu'il court un danger si grave, telle une guerre, que l'article s'impose. Comme nous n'étions pas en guerre – contrairement à ce qu'a répété en boucle le gouvernement – et que l'épidémie en question n'est pas la « peste noire », l'annonce était trop risquée pour le président. Il est à noter qu'au 4 juillet 2022 la mortalité du Covid en France est de 2 172 décès par million d'habitants, soit 0,002 %.

En revanche, il a édicté un décret pour déclarer l'état d'urgence sanitaire, régime juridique exceptionnel créé par lui en 2020, et déclaré « en cas de catastrophe sanitaire mettant en péril, par sa nature et sa gravité, la santé de la population[1] ». Ce qui revient strictement au même.

Sachez que la définition d'une catastrophe sanitaire n'existe pas. Est-ce qu'une maladie telle que le Covid-19 est une catastrophe sanitaire ? Est-ce que 99,99 % d'une population survivant à un virus est une catastrophe sanitaire ? Est-ce que 2 % de personnes hospitalisées dans des hôpitaux – certes, au bord d'exploser et gérés en dépit du bon sens – mais est-ce une crise insurmontable ? Non ! Sauf pour Emmanuel Macron : « Nous

1. Article L3131-12 du Code de la santé publique.

sommes en guerre », martèle-t-il à la population retranchée devant sa télévision.

L'état d'urgence sanitaire a permis à notre gouvernant en chef d'étendre ses pouvoirs comme jamais auparavant dans notre histoire : Emmanuel Macron a dirigé la France en multipliant les arrêtés, comme autant de décisions liberticides envers le peuple français : atteinte à la liberté de réunion et de manifestation (arrêté du 4 mars 2020), à la liberté de prescription pour les médecins (arrêté du 13 janvier 2020) et à la liberté de culte (décret du 23 mars 2020), au motif unique du Covid.

Notre grand homme s'est octroyé de surcroît le droit de légiférer par ordonnances, c'est-à-dire sans demander l'avis de personne ! Il a décidé seul des trois confinements, des couvre-feux, et de l'état d'urgence permanent. Or, par une décision du 15 mars 2022, la Cour européenne des droits de l'homme a jugé le confinement suisse illégal. Comme ce qui est décidé pour un des pays signataires vaut pour tous, le confinement en France l'était aussi.

Il n'a pas commis la même erreur deux fois : il n'a jamais rendu obligatoire la vaccination contre le Covid-19, parce qu'il savait que la Convention européenne le lui interdisait et qu'il serait condamné par la Cour européenne des droits de l'homme. C'est l'arrêt Vavřička : en République tchèque, un père, qui ne voulait pas faire vacciner ses enfants, est allé défendre ses idées jusque devant la Cour européenne. La Cour lui a donné raison, estimant que « l'obligation légale de vaccination, en tant qu'intervention médicale non volontaire, constitue une ingérence dans l'exercice du droit au respect de la vie privée protégé par l'article 8 § 1 de la Convention ». Donc, plutôt que de faire passer une loi qui aurait nécessité l'autorisation des institutions de la République, il a promulgué un décret. Car la loi sur l'état d'urgence sanitaire qu'il a lui-même créée lui donne tous les droits.

Puisque beaucoup de décisions très contestables sont prises, avec l'appui du Conseil constitutionnel, sans provoquer de révolution, pourquoi s'en priver ? Les produits appelés par les autorités « vaccins » sont des médicaments en réalité toujours en phase expérimentale.

En tant que médecin, je veux d'ailleurs attirer l'attention sur un autre scandale qu'a permis le Covid au sujet des droits du patient et qui est d'une extrême gravité : un seul parent doit désormais donner son autorisation pour vacciner son enfant. Jusque-là, toute décision médicale était soumise à l'autorisation des deux parents.

Résultat ? Les conflits familiaux se sont multipliés !

Il a enfin contourné la loi européenne de la même façon concernant le passe sanitaire : n'ayant pas le droit de le rendre obligatoire – ce serait une discrimination affichée –, il a fait en sorte que sans, les Français n'aient plus le droit d'aller au restaurant, dans les bars, au théâtre, au cinéma, dans les parcs d'attractions, dans les transports, etc. Stratagème redoutable puisqu'il revient, de façon déguisée, à rendre la vaccination obligatoire. Et révolution juridique dramatique : Diane Protat, amie mais surtout avocate hors pair, m'a confié que c'est la première fois qu'on sanctionnait une partie de la population, qu'on effaçait finalement les gens socialement, sans procès. La première fois aussi que cet autoritarisme ne provoquait aucune réaction…

Question 8

Depuis 2020, la démocratie a-t-elle progressé ?

Après leur avoir interdit de sortir, de voir leurs proches, de les enterrer, d'aller travailler, de profiter de la vie comme bon leur semblait jusque dans leur intimité – je ne reviendrai pas sur les décisions surréalistes comme l'interdiction d'acheter des livres et des vêtements pour enfants prises pendant les confinements –, après avoir piétiné la liberté de chaque citoyen, censée être garantie par la Constitution, et l'avoir profondément enterrée par une série de mesures liberticides, le gouvernement a continué d'entraver les Français, avec des décisions toujours aussi coercitives, mais également absurdes, voire dangereuses pour la santé – un comble !

Le 27 décembre 2021, à cause d'une reprise de l'épidémie, avec des chiffres gonflés par la généralisation des tests PCR dans toute la population « la consommation de boissons et d'aliments sera interdite dans tous les cinémas, les théâtres, les équipements sportifs et les transports collectifs, y compris longue distance », déclare Jean Castex lors d'une conférence de presse aux côtés du ministre de la Santé, dans le but que les gens enlèvent le moins possible leur masque de leur visage. Je rappelle qu'il y a un débat d'experts sur le point de savoir si le masque protège ou non du Covid. En revanche, on sait qu'il empêche une bonne oxygénation du cerveau et il a été démontré dans des études comparatives, notamment au Danemark, que le port généralisé du masque était inutile.

Certains m'ont demandé si cette interdiction de manger et boire n'était pas dangereuse pour les gens souffrant notamment d'hypoglycémie, de déshydratation pouvant aller jusqu'à l'évanouissement. Je leur ai alors répondu que si, bien sûr, ça pouvait être un problème. Quant à la raison pour laquelle le gouvernement a pris cette décision, il faudra le lui demander un jour. Elle reste pour moi un mystère.

Autre mesure prise par notre président, le 3 janvier 2022 précisément : interdiction pour trois semaines de consommer des boissons ou de la nourriture debout dans les bars. C'est une des plus belles mesures, digne d'un grand humoriste. Il est en effet bien connu que le virus vole haut ! Depuis quand le gouvernement décide-t-il de la position dans laquelle nous devons nous tenir ? Sur la base de quelle étude scientifique qui validerait que le virus se transmettrait plus debout qu'assis ?

Autre illustration de l'absurde politique sanitaire que nous avons subie : le député républicain Philippe Gosselin, le 10 mai 2021, à l'Assemblée nationale, annonce que les clubs libertins vont pouvoir réouvrir. Quelques jours plus tôt, nous apprenions que les boîtes de nuit allaient, elles, rester fermées. C'est Rémi Calmon, directeur du SNEG & Co, le syndicat des lieux festifs et de la diversité, qui apporte un début d'explication à cette décision gouvernementale aussi arbitraire qu'ubuesque, dans les colonnes du *Parisien* le 13 mai 2021 : « Pour ce qui est des lieux libertins qui ne sont pas classés en établissement de danse, ils pourront bien accueillir des clients avant les discothèques. Ce sera dès le 19 mai pour ceux catégorisés en restaurant ou débit de boissons, mais uniquement en terrasse. » Donc seuls les clubs échangistes « en terrasse » pourront rouvrir… On en rirait si, une fois encore, cette décision n'était pas le signe d'une incompétence notoire dans la gestion de cette crise.

Mais une mesure prête particulièrement peu à sourire : depuis le début de la crise, le dossier médical de chaque patient, du moins les informations liées au Covid, est partagé avec l'État. C'est le gouvernement qui, via le portail SI-DEP appartenant au ministère de la Santé, vous donne le résultat de vos tests PCR. Vous êtes cas contact ? positif ? négatif au Covid ? vacciné ? non vacciné ? L'État le sait.

Mieux : le site de l'Assurance maladie vous propose, depuis mars 2022, de partager vos informations médicales – « traitement, résultats d'examens, radios, ordonnances, carnet de vaccination », en un mot tout ! –, et plus seulement celles liées au coronavirus. Ce nouveau service numérique s'appelle « Mon espace santé ». Le site du ministère de la Santé précise : « Une fois le dossier médical complété, cet historique de soins et de mesures peut être partagé avec les professionnels de santé de son choix qui en ont besoin pour assurer un meilleur suivi médical et éviter les examens inutiles. » Sur le papier, vous me direz : « Ça peut s'avérer très pratique : je n'aurai plus à me balader avec mes radios sous le bras ! » Mais dans les faits, c'est la fin du secret médical : plus question de garder pour soi les maladies qu'on préférerait oublier, votre médecin généraliste aura accès à vos antécédents médicaux sans vous demander la permission.

Olivier Véran souhaitait même aller encore plus loin. Alors ministre de la Santé, aussi fameux que controversé, il a annoncé, le 19 octobre 2021, devant le Sénat : « Le gouvernement présentera un amendement permettant aux directeurs d'établissement scolaire d'accéder aux informations nécessaires concernant leurs élèves pour renforcer la campagne de vaccination et de dépistage dans les écoles, les collèges et les lycées. » Comment ne pas être choqué à l'idée que l'Éducation nationale ait accès au carnet de santé de vos enfants mineurs ? Au nom de la lutte anti-Covid, le gouvernement permettrait aux proviseurs, aux directeurs d'école maternelle et élémentaire d'avoir accès à des données jusque-là confidentielles – ce n'est pas pour rien qu'elles le sont ! En clair, fliquer les « mauvais parents » qui n'auraient pas fait « vacciner » leurs enfants !

« Mon espace santé », c'est la fin de la confidentialité des données médicales du patient et donc un moyen de pression supplémentaire sur le citoyen. Si vous, moi, savons que, désormais, ce que nous confions à notre médecin peut être vu et lu par d'autres, continuerons-nous de lui faire confiance ?

C'est notre prise en charge en tant que malades qui est menacée. Qui le dit ?

Question 9

Votre bilan du passe sanitaire ?

Le passe sanitaire a été rendu obligatoire le 9 août 2021, suivi du 24 janvier 2022 par le passe vaccinal. La différence ? Le passe vaccinal n'est réservé qu'aux seuls vaccinés, le test négatif de moins de vingt-quatre heures n'étant plus autorisé, portant atteinte à l'égalité des citoyens et les privant de leurs droits fondamentaux. Je ne reviendrai pas sur les interdictions liberticides qu'il englobe, ni sur ce qu'il est vraiment : une façon grossièrement détournée de forcer les non-vaccinés à le devenir, sous peine de vivre au rabais.

Encore moins sur son efficacité : le citoyen privé de ses droits fondamentaux devra croire sur parole le gouvernement, parce que, à part le rapport intitulé « L'impact des passes sanitaires sur le taux de vaccination, la santé et l'économie » dont nous avons vu à quel point il pouvait être sujet à caution, on a autant de preuves que ça fonctionne que de l'existence des licornes ! La Commission nationale de l'informatique et des libertés a d'ailleurs adressé un quatrième avis au Parlement sur les conditions de mise en œuvre des dispositifs contre le Covid, le 30 novembre 2021 : « La CNIL attire de nouveau l'attention du gouvernement sur la nécessité, plus de dix-huit mois après le début de l'épidémie, de produire des éléments permettant d'évaluer pleinement l'efficacité des fichiers et dispositifs mis en œuvre. » Le gouvernement n'a jamais donné suite à cette demande.

Le passe vaccinal a été suspendu le 14 mars 2022, mais pas le passe sanitaire dans les établissements de santé, les maisons de retraite et les établissements accueillant des personnes en situation de handicap. Il reste cependant telle une épée de Damoclès suspendue au-dessus de nos têtes jusqu'à la fin de la loi d'urgence sanitaire prévue le 31 juillet 2022.

Voyant arriver la date fatidique, le gouvernement, par la voix d'Élisabeth Borne, nouvelle Première ministre, a présenté le jeudi 30 juin aux présidents des groupes parlementaires un avant-projet de loi sanitaire visant à maintenir « un dispositif de veille et de sécurité sanitaire » jusqu'en mars 2023 !

Le 2 juillet 2022, interrogée sur le plateau de « Dimanche en politique », la présidente de l'Assemblée nationale Yaël Braun-Pivet essaie d'éteindre l'incendie en assurant que le retour du passe vaccinal ou sanitaire, tout comme l'obligation de porter le masque, n'était pas sur la table pour l'Hexagone, mais éventuellement pour nos compatriotes ultramarins, en Corse et dans les départements et territoires d'outre-mer « à compter du 1er août 2022 et jusqu'au 31 mars 2023[1] ». Cet avant-projet de loi « a été transmis au Conseil d'État ces derniers jours » et « fera l'objet de discussions, avant sa présentation en conseil des ministres, avec les forces politiques, comme nous l'avons toujours fait », précise le ministère de la Santé.

Comment peut-on croire sur parole un gouvernement qui a dit sans ciller tout et son contraire depuis trois ans, et notamment que le passe sanitaire ne serait jamais obligatoire ? Et pour quelle utilité ? Aucune étude, aucun chiffre n'a prouvé que cette mesure, quelle que soit sa forme, était une arme décisive pour lutter contre le Covid, alors que la France est déjà jusqu'au cou dans la septième vague de contamination du virus.

Finalement, le gouvernement de Mme Borne, ne disposant que d'une majorité relative, n'a pu imposer à nouveau le passe sanitaire !

---

1. www.hufftingtonpost.fr, « Covid-19 : la majorité exclut le retour du passe vaccinal », 3 juillet 2022.

Question 10

Les ministres ont-ils perdu la tête pendant cette crise ?

Vendredi 2 avril 2021. Le journal télévisé de la mi-journée de M6 diffuse un sujet sur des dîners clandestins fastueux organisés à Paris, alors que les restaurants sont tous censés être fermés. L'une des séquences montre un dîner au palais Vivienne, un hôtel particulier appartenant à un certain Pierre-Jean Chalençon, collectionneur de son état, qu'on ne voit pas et dont la voix est trafiquée, qui dit avoir « dîné cette semaine dans deux ou trois restaurants qui sont soi-disant des restos clandestins, avec un certain nombre de ministres ».

Gérald Darmanin, toujours la main sur le colt, dégaine et saisit le préfet de police de Paris. Les médias s'emparent de la juteuse affaire. Pierre-Jean Chalençon tente, dans un acte quasi suicidaire, un pitoyable : « C'était un énorme poisson d'avril » le 6 avril, invité sur BFM TV. Mais le procureur de la République de Paris, Rémy Heitz, visiblement peu convaincu, ouvre dans la foulée une enquête pénale pour « mise en danger d'autrui » et « travail dissimulé ». Certains noms ont circulé. Puis plus rien. Depuis, on cherche le nom des ministres...

Ministres dont on peut se demander s'ils sont assidus à leur fonction puisque nombreux sont ceux qui ont eu le temps, pendant la crise sanitaire, d'écrire des livres : Jean-Michel Blanquer[1], ministre de l'Éducation nationale, Emmanuelle Wargon[2], ministre du Logement ; Olivia Grégoire, secrétaire d'État chargée de l'Économie sociale[3] ; Bruno Le Maire[4], ministre de l'Économie et des Finances, Gérald Darmanin[5], ministre de l'Intérieur, Sarah El Haïry[6], secrétaire d'État chargée de la Jeunesse et de l'Engagement, Sophie Cluzel[7], secrétaire d'État chargée des Personnes handicapées... Est-ce tout ? Non. Il faut ajouter à cette liste Élisabeth Moreno, ministre déléguée

---

1. *École ouverte*, Gallimard, 2021.

2. *Bienvenue en politique : à ceux qui sont tentés de renoncer*, Calmann-Lévy, 2021.

3. *Et après ? Pour un capitalisme citoyen*, Le Cherche Midi, 2021.

4. *L'Ange et la Bête*, Gallimard, 2021.

5. *Le Séparatisme islamiste. Manifeste pour la laïcité*, Éd. de l'Observatoire, 2021.

6. *Envie de France*, Éd. de l'Observatoire, 2021.

7. *La Force des différents. Changer de regard sur le handicap*, JC Lattès, 2022.

de l'Égalité entre les femmes et les hommes, de la Diversité et de l'Égalité des chances, et Agnès Pannier-Runacher[1], ministre déléguée chargée de l'Industrie, Marlène Schiappa[2], ministre déléguée chargée de la Citoyenneté. Rien que ça ! Emmanuel Macron lui-même aurait déclaré : « Mais les Français vont finir par se dire que les ministres ne foutent rien et qu'ils passent leur temps à écrire des livres[3] ! » Mais peut-être certains collègues me font-ils le même reproche !

Plus important : j'aurais aimé qu'on m'explique la décision d'exclure les policiers de l'obligation vaccinale annoncée le 12 juillet 2021 par Emmanuel Macron. Gabriel Attal, interviewé sur Europe 1 le 13 juillet, et Olivier Véran, le même jour au JT de France 2, s'embourbent et sont incapables de justifier cette nouvelle aberration du gouvernement. Alors j'en avancerai une, si vous me le permettez : à l'époque, le peuple ayant autant envie de se faire vacciner que de se pendre, le gouvernement ne se serait-il pas dit qu'obliger les forces de l'ordre risquait de les jeter dans la

---

1. *Femmes, ministres et féministes. Notre combat pour l'égalité réelle*, Éd. Point d'Orgue, 2021.

2. *Sa façon d'être à moi*, Stock, 2021 et *C'est une bonne situation, ça, ministre ?*, Éd. de l'Observatoire, 2022.

3. *Le Canard enchaîné*, 19 octobre 2021.

rue ? Quand on pense que les passes vaccinaux étaient contrôlés par des policiers, eux-mêmes peut-être non vaccinés…

Enfin, Gabriel Attal – décidément –, le 27 octobre 2021, accuse à propos de l'état de l'hôpital public : « Il y a des décennies pendant lesquelles le problème s'est aggravé et on ne peut pas résoudre en quatre ans tout ce qui s'est fait ces trente dernières années. » Sauf qu'en 2012, avant qu'Emmanuel Macron ne soit au pouvoir, Marisol Touraine, ministre de la Santé de François Hollande, a supprimé 16 000 lits deux ans après son entrée en fonction. Et qui trouve-t-on dans l'organigramme du cabinet de la ministre, à l'époque[1] ? Gabriel Attal, son conseiller parlementaire…

---

1. Publication n° 0135 du 12 juin 2012 au *Journal officiel*.

Question 11

Le gouvernement a-t-il entravé la mission des soignants ?

Non content d'« emmerder les non-vaccinés », Emmanuel Macron a aussi compliqué la vie des professions médicales. Il a d'abord interdit aux soignants de travailler sans être vaccinés : le 15 septembre 2021, tout personnel, soignant ou non, des hôpitaux, cliniques et maisons de retraite ne peut plus travailler s'il n'est pas vacciné. Alors que le personnel soignant vacciné, testé positif au Covid, est autorisé à travailler ! Dans une « note urgente » publiée le 2 janvier 2022 par le directeur général de la Santé, on peut en effet lire : « Une dérogation exceptionnelle à l'isolement pour les activités essentielles dans le secteur sanitaire et médico-social pour les cas asymptomatiques et paucisymptomatiques est possible dans les conditions fixées par le MARS n° 2022_01. »

Alors que depuis deux décennies les gouvernements successifs ont consciencieusement désorganisé l'hôpital public, aujourd'hui on exige des soignants malades qu'ils viennent travailler. En revanche, les soignants en parfaite santé qui ne sont pas vaccinés, eux, sont priés de rester chez eux. Ou virés.

Le gouvernement s'est ensuite mêlé du droit d'exercer des médecins : le 19 juillet 2021, il présente une ordonnance qui annonce la création du « Conseil national de certification périodique ». Cette ordonnance modifie le Code de la santé publique, et plus précisément l'article L. 4022-5, qui dit désormais : « Le Conseil national de la certification périodique est chargé, auprès du ministre chargé de la Santé, de définir la stratégie, le déploiement et la promotion de la certification périodique (des médecins). » Celle-ci vise à « garantir le maintien des compétences, la qualité des pratiques professionnelles, l'actualisation et le niveau des connaissances ».

Le gouvernement s'est donc donné le droit de reconduire ou de retirer le droit d'exercer aux médecins. C'est une façon d'éjecter les docteurs rebelles, qui refusent d'obéir à une politique sanitaire qu'ils jugent dictatoriale en plus d'être imbécile. Après la radiation, à quand des châtiments physiques, sinon a minima à une humiliation publique... comme en Chine ?!

Question 12

A-t-on fabriqué des parias de la société ?

La gestion de la crise par le gouvernement a fracturé la société en deux camps : les obéissants et les réfractaires passibles des pires sanctions. « Dès le 21 juillet, le passe sanitaire sera étendu aux lieux de loisirs et de culture » et « à partir du début du mois d'août [...] il s'appliquera dans les cafés, les restaurants, les centres commerciaux, ainsi que dans les hôpitaux, les maisons de retraite, les établissements médico-sociaux, mais aussi dans les avions, trains et cars pour les longs trajets », nous informe dans sa grande bonté notre président, le 12 juillet 2021. Donc, exit les non-vaccinés.

Sans oublier que celui qui bafouerait l'autorité désormais toute-puissante du président s'exposerait à de lourdes amendes :

– En tant qu'usager, vous êtes à la terrasse d'un café et n'avez pas votre passe ? 135 euros d'amende, 3 750 euros si vous commettez trois fois cette même infraction en l'espace d'un mois.

– Comme restaurateur, vous devez contrôler le passe des clients, sous peine de vous exposer, dans le cas contraire, à une fermeture administrative, 9 000 euros d'amende et un an de prison si l'infraction est constatée à trois reprises en quarante-cinq jours. Depuis quand, dans la république, des professions indépendantes œuvrant pour le bien-être des citoyens doivent se substituer aux forces de l'ordre, sous peine de lourdes sanctions ?

Autre sanction si vous n'avez pas votre passe, et de loin l'une des plus graves : vous ne serez pas soigné ! C'est arrivé à une femme en juillet 2021. Elle a été amenée par une ambulance, donc dans des conditions d'urgence, dans une clinique privée qui a refusé de l'admettre pour un examen du cœur parce qu'elle n'avait pas de passe sanitaire ! L'ambulancier médusé dira dans la foulée dans une vidéo postée sur Internet[1] : « Donc aujourd'hui on s'assoit sur le serment d'Hippocrate, on s'assoit aussi sur la liberté d'accès aux soins, c'est inadmissible. Là, on est en train de nous dire que pour seul et unique motif de non-présentation d'un passe sanitaire, on refuse

1. Commentaire du secrétaire général de la Chambre nationale des services d'ambulances, Guillaume Narguet.

l'accès aux soins. C'est lamentable, bienvenue en France ! »

Plus les mois passent, plus certaines figures de la majorité présidentielle radicalisent leurs propos et mettent ouvertement des citoyens au ban de la société, imaginant les stratagèmes les plus humiliants pour contraindre les non-vaccinés à y passer. Comme le maire de Nice Christian Estrosi, invité sur BFM TV, qui déclare, le 13 janvier 2022 : « Ceux qui ne seraient pas vaccinés devraient être confinés chez eux dans les mêmes conditions qu'en mars et avril 2020 et ne pas avoir droit à l'assurance chômage. » Par miracle, rien n'est encore fait en ce sens, mais le maire d'une grande métropole française y a sérieusement pensé. Au pays des droits de l'homme !

Diviser les Français en séparant les « bons » des « mauvais », les « méritants » des « renégats », les « bons pères de famille » des « irresponsables », les vrais citoyens des parias, c'est ce que le gouvernement fait depuis mai 2020. Mais un cran a été franchi début 2022. Emmanuel Macron a dit, à propos des non-vaccinés, le 4 janvier : « Un irresponsable n'est plus un citoyen », et d'ajouter qu'il voulait, à ce titre, les « emmerder ». C'est clair, c'est net, c'est dit sans l'ombre d'une hésitation. Mais la France va devoir se reprendre, parce qu'elle fait partie de l'Union européenne et doit obéir à ses lois avant les nôtres, notamment l'article 36 du règlement (UE) 2021/953 : « Il y a lieu d'empêcher toute discrimination directe ou indirecte à l'encontre des personnes qui ne sont pas vaccinées. » La France est donc hors-la-loi. À moins que nous n'acceptions qu'un non-vacciné soit traité pire qu'un violeur d'enfants, qui, lui, n'est pas déchu de sa citoyenneté ?

Je vous rappellerai, pour terminer, cette polémique quasi passée inaperçue mais qui en dit long sur la mentalité de nos dirigeants. Le président Macron a affirmé, sur Twitter, avoir été vacciné contre le Covid le 31 mai 2021. Mais selon les données de l'Assurance maladie, le chef de l'État a été vacciné le 13 juillet[1]. « Erreur de saisie », d'après l'Élysée. Plutôt premier de cordée du « Fais ce que je dis, mais pas ce que je fais » !

1. Mediapart, 26 juillet 2021.

Question 13

Le gouvernement nous a-t-il menti concernant la vaccination ?

Sur ce sujet comme sur tous les autres, les membres du gouvernement et le président lui-même nous ont bien baladés. Dans un but précis : que le plus grand nombre de Français se fassent vacciner. J'ai été président du Comité technique des vaccinations pendant plusieurs années, comité chargé d'élaborer les recommandations vaccinales en France. J'ai aussi été à l'OMS vice-président du groupe Etage, groupe d'experts chargé d'élaborer la politique vaccinale de l'OMS pour l'Europe (la grande Europe de l'OMS, incluant les pays d'Europe du Nord et de l'Est, la Russie, les républiques russophones d'Asie centrale, la Turquie et Israël). J'ai donc fait preuve pendant ma carrière d'un soutien fort à la vaccination en France et dans le monde. N'en déplaise aux ignorants qui me traitent d'antivax. Il reste que ces produits, évalués à la va-vite en quelques mois, n'ont pas subi les évaluations scientifiques rigoureuses exigées pour un nouveau vaccin. Normalement, la procédure de validation prend environ dix ans ! Les agences de régulation des médicaments, dont l'agence française, l'ANSM, ont octroyé en urgence une autorisation de mise sur le marché « conditionnelle ». Ce type d'autorisation peut être délivrée de façon exceptionnelle dans une situation d'urgence. Mais dans le cas du Covid, la vérité est que cette autorisation n'aurait jamais dû être délivrée !

Je n'ai pas été tendre jusqu'à présent envers les vaccins. Je considère en effet, comme beaucoup de scientifiques, que ces produits ne sont pas de véritables vaccins comme les autres et que l'obligation de les administrer est même illégale en raison de leur caractère expérimental. Ce que je reproche aux dirigeants français, c'est autant leurs mensonges, petits ou grands, que de nous avoir pris pour des imbéciles.

Le gouvernement a d'abord menti sur la raison pour laquelle il fallait absolument que nous soyons tous vaccinés. Il a soutenu dans un premier temps que la vaccination stopperait net l'épidémie. Olivier Véran, notre charismatique ex-ministre de la Santé, a déclaré devant l'Assemblée nationale le 21 juillet 2021 : « La liberté, ce n'est pourtant ni se soustraire aux impôts, ni rouler à contresens sur l'autoroute, ni fumer au restaurant, ni refuser un vaccin qui me protège autant qu'il protège les autres. » Le Premier ministre Jean Castex dit exactement l'inverse à BFM TV le 6 janvier 2022 : « Ils comprennent, les Français [*sic*], que, avec notamment le nouveau variant Omicron, on peut effectivement, même en étant vacciné, c'était votre exemple, contracter la maladie, autrement dit, être positif. D'accord, bien. On le sait ! »

Il avait par ailleurs affirmé qu'être vacciné empêchait d'attraper le Covid. Au journal télévisé de 13 heures de TF1, le 21 juillet 2021, Jean Castex garantissait : « La vaccination, ça marche. On a constaté que les personnes qui ont deux doses, jusqu'alors, lorsqu'elles croisaient une personne qui était contaminée, devaient être cas contact et donc s'isoler. Les analyses faites sur ces personnes montrent qu'elles n'ont plus de risques d'attraper la maladie. » Sauf qu'on peut lire, sur le site Internet du ministère des Solidarités et de la Santé, à la page « Mes conseils Covid » : « Je suis vacciné(e), est-ce que je peux être positif ou positive au Covid ? Oui. Même quand on est vacciné(e), il reste un risque d'attraper le Covid si on est exposé au virus. »

Il a ensuite essayé de nous faire croire qu'être vacciné évitait de contaminer les autres. Jean-

Michel Blanquer, ministre de l'Éducation nationale et de la Jeunesse, déclare sur France Info le 28 juillet 2021 : « C'est le message que nous passons depuis le début : quand vous êtes vacciné, vous ne risquez pas de contaminer les autres, alors que si vous n'êtes pas vacciné, vous faites courir ce risque. » Le patron de Pfizer dit le contraire dans une interview au *Monde* le 20 décembre 2021 : « Nous devons être conscients que même les triples vaccinés sont susceptibles de transmettre la maladie, et qu'il va falloir les tester, surtout dans l'entourage de personnes vulnérables. »

Pourquoi le gouvernement devait-il à tout prix nous convaincre de nous faire vacciner, au prix de mensonges visibles ? Pour écouler les tonnes de doses que l'État a commandées ? La France a en effet acheté tellement d'AstraZeneca qu'elle a dû se débarrasser de 218 000 vaccins[1]. À 6 euros la dose, je vous laisse faire le calcul de l'argent qu'on a jeté par les fenêtres.

Le président de la République nous a aussi baladés à propos de la vaccination. Emmanuel Macron, lors d'une allocution aux Français le 24 novembre 2020, précise : « Je veux être clair : je ne rendrai pas la vaccination obligatoire ! »

---

1. *Le Monde*, le 29 mars 2022.

Olivier Véran, invité du JT de TF1, insiste à son tour, le 22 décembre 2020 : « Le président de la République s'y est engagé, le Premier ministre également. J'ai eu l'occasion de le dire : le vaccin contre le coronavirus ne sera pas obligatoire, ni pour prendre un transport en commun, ni pour rentrer dans un restaurant et évidemment pour aller travailler », puis le 1er avril 2021, devant le Sénat : « Notre pays a une passion de l'égalité, à raison d'ailleurs. Un débat démocratique doit avoir lieu, notamment au sein des chambres parlementaires ; mais ma conviction personnelle est que, le jour où l'on pourra rouvrir des lieux pour le public, ils devront rouvrir pour tous. Je considère qu'on ne peut pas permettre à des Français qui seraient vaccinés d'aller manger au restaurant et l'interdire à ceux qui ne le sont pas. »

Or il n'a échappé à personne que c'est pourtant point par point ce qui s'est produit. Le 12 juillet 2021, Emmanuel Macron annonce dans une adresse aux Français : « La vaccination sera ainsi rendue obligatoire pour […] tous les professionnels ou bénévoles qui travaillent au contact des personnes âgées ou fragiles, y compris à domicile. À partir du 15 septembre, des contrôles seront opérés, et des sanctions seront prises. » Depuis, on peut d'ailleurs lire, sur le site Internet du gouvernement[1] : « La vaccination est obligatoire pour tous ceux qui travaillent au contact des personnes fragiles. »

Autopersuasion ou pur cynisme ?

1. https://www.gouvernement.fr/info-coronavirus/vaccins.

Question 14

Au fait, nous a-t-on tout dit sur les vaccins ?

Olivier Véran, toujours lui, lors d'une conférence de presse à Villeneuve-la-Garenne, dans les Hauts-de-Seine, dénonce, le 2 juillet 2021 : « Parmi les *fake news* qu'on entend, il y aurait celle qui consiste à dire que le vaccin serait encore en cours d'expérimentation, c'est absolument faux. La phase 3 est terminée depuis des mois, elle est validée. Trois milliards d'injections ont été réalisés sur la planète Terre, les choses se déroulent au mieux, vous pouvez y aller, il n'y a aucune inquiétude à avoir. »

Énorme contre-vérité du ministre de la Santé : aucun des quatre vaccins autorisés par l'Europe n'a achevé les phases d'expérimentation. *Le Monde* publie le 8 juillet 2021 : « Il est vrai que les essais de phase 3 sont toujours en cours. [...] À l'heure actuelle, la fin des essais est fixée au 27 octobre 2022 pour Moderna, et au 2 mai 2023 pour Pfizer. » Réponse du ministre : « Joint par *Le Monde*, le ministère de la Santé assure que les propos du ministre ne sont pas “contradictoires par rapport à ce que dit Pfizer”. » Ah oui ? Expliquez-moi ça, parce que soit une phase est terminée, soit elle ne l'est pas… non ?

Même constat pour tous les autres vaccins : d'après les données du site ClinicalTrials.gov[1] du National Institutes of Health des États-Unis, la date de fin de l'étude clinique (phases 1, 2 et 3) estimée pour le vaccin de Moderna est le 27 octobre 2022, le 2 janvier 2023 pour le vaccin Janssen, le 8 février 2024 pour le vaccin Comirnaty Pfizer/BioNTech et le 14 février 2023 pour le vaccin AstraZeneca.

Une autre information censée nous rassurer mais qui devrait nous inquiéter est délivrée par le gouvernement lui-même, sur le site www.gouvernement.fr : la procédure concernant la mise sur le marché du vaccin contre le Covid-19, immuable et très codifiée, censée éviter toute précipitation et donc mise en danger des patients, a été accélérée : « Étant donné le contexte, cet examen approfondi [éplucher les milliers de pages de données sur l'efficacité, la sécurité et la qua-

1. https://clinicaltrials.gov.

lité des vaccins] est réalisé en continu au fur et à mesure que les résultats des études sont disponibles, ce qui permet de réduire les délais. Moins de trois mois ont ainsi été nécessaires aux premiers vaccins contre le Covid-19 pour obtenir une AMM[1]. »

Comment croire ensuite Olivier Véran, sur BFMTV-RMC, le 13 juillet 2021, quand il affirme : « Vous réduisez par 12 le risque de contamination [...], par 20 le risque de faire une forme grave » grâce au vaccin. Un rapport de la Direction de la recherche, des études, de l'évaluation et des statistiques, la DREES, de décembre 2021, explique quant à lui que « l'analyse étendue aux données plus récentes (du 1er février au 14 novembre) révèle une très nette diminution de l'efficacité vaccinale (parcours complet) contre les formes symptomatiques dans le temps, qui descend à 57 % chez les 50 ans ou plus six mois après la complétude du parcours vaccinal et à 39 % chez 85 ans ou plus ». Le P-DG de BioNTech lui-même, Uğur Şahin, a déclaré, dans une interview au *Monde* le 20 décembre 2021 : « Les données préliminaires en provenance du Royaume-Uni pointaient une efficacité d'environ

1. « La stricte procédure de mise sur le marché des vaccins contre le Covid », www.gouvernement.fr.

70 % après la troisième dose et d'environ 20 % à 40 % après la deuxième dose. »

Le gouvernement nous a aussi dit que les vaccins étaient bien moins dangereux que le virus lui-même. Vraiment ? Alain Fischer alias « Monsieur Vaccin » du gouvernement, le 18 janvier 2021 sur RTL : « Il faut bien avoir conscience que c'est inéluctable, chaque jour il y a de très nombreux décès dans les maisons de retraite et dans les Ehpad, en France spécifiquement, de l'ordre de 400 […] donc lorsqu'il y a des éléments de décès qui surviennent dans la journée qui suit une vaccination, ils pourraient en théorie être dus à la vaccination, mais ils ont une beaucoup plus grande probabilité d'être dus à l'évolution naturelle de la vie et des maladies que présentent ces gens. » Donc les personnes âgées vaccinées contre le Covid survivent au virus grâce au vaccin. En revanche, celles qui meurent après avoir été vaccinées décèdent d'une autre pathologie non liée au vaccin. Donc pas du vaccin. Ou comment prendre les Français pour des idiots.

Question 15

L'hydroxychloroquine, qu'est-ce que ça vaut ?

Depuis l'interdiction pure et simple d'utilisation de la molécule par les médecins de ville décrétée par le ministre de la Santé sur la base d'une étude frauduleuse publiée dans le journal médical international, *The Lancet*, exit l'hydroxychloroquine : on ne l'administre pas, on n'en parle pas non plus. Seul Didier Raoult m'a accompagné pour continuer un temps à intervenir sur les plateaux de télévision dire : « Ma potion, c'est pas du bidon ! »

En revanche, depuis que l'hystérie collective dans laquelle le traitement avait plongé la population entière est retombée – tout le monde était devenu spécialiste de la question ! –, de nombreuses études ont été faites sur l'hydroxychloroquine. Je n'ai jamais eu l'ombre d'un doute sur le fait que le traitement fonctionne, pas plus il y a trois ans qu'aujourd'hui, mais vous n'êtes pas obligés de me croire sur parole. Vous pouvez consulter les études parmi les plus sérieuses, publiées dans de grandes revues scientifiques ou des hôpitaux réputés, pour juger sur pièces.

Que vous apprendront-elles ? Rien sur l'efficacité réelle de l'hydroxychloroquine, puisqu'elles disent tout et son contraire. Le 9 avril 2020, l'IHU de Marseille – l'équipe du professeur Raoult – donne les résultats d'une étude faite dans ses murs. 1 061 patients, tous covidés, sont traités pendant au moins trois jours avec hydroxychloroquine et azithromycine. 973 sont guéris en dix jours, certains sont toujours infectés mais tous ne seront pas transférés dans des unités de soins intensifs, 5 (âgés de 74 à 95 ans, dans un état clinique initial grave et prenant des médicaments, notamment contre l'hypertension) mourront. À ce jour, dit l'étude, « 98 % des patients suivis ont donc été guéris ».

Un mois plus tard, le 5 juin 2020 : l'essai clinique Recovery, principal essai clinique par son ampleur – 11 000 patients de 1 à 109 ans dans 175 hôpitaux britanniques – et par sa durée – de mars à juin 2020 –, rend ses conclusions : « l'hydroxychloroquine ne montre pas d'effet bénéfique pour les malades du Covid-19 ». « Il ne s'agit pas d'un traitement contre le Covid-19. Ça ne marche pas, déclare le codirigeant de l'essai […], nous pouvons cesser d'utiliser un traitement qui se révèle inutile. » Mais patatras, on découvre que les médecins responsables de l'étude Recovery ont utilisé des doses énormes d'hydroxychloroquine, bien supérieures aux doses autorisées chez l'homme, très proches de la dose mortelle. On se demande comment un comité d'éthique qui a pour mission d'évaluer en amont les projets d'essais médicaux a pu laisser passer un tel dosage ! Avec quelques collègues, nous avons d'ailleurs publié fin 2020 une lettre dans le *New England Journal of Medicine*, l'un des premiers journaux médicaux du monde, pour dénoncer l'exposition de malades « volontaires » à des doses toxiques (...) de médicaments.

Le 26 août 2020, une méta-analyse, soit une étude regroupant les résultats de plusieurs autres, vingt-neuf ici, par des chercheurs de l'Inserm, de l'université de Lausanne et de celle de Neuchâtel paraît dans le *Clinical Microbiology and Infection*, le journal officiel de la Société européenne de microbiologie clinique et de maladies infectieuses. L'étude conclut : « L'hydroxychloroquine seule n'a pas été associée à une réduction de la mortalité chez les patients hospitalisés Covid-19, mais l'association d'hydroxychloroquine et d'azithromycine a augmenté de manière significative la mortalité. » Avec quelques collègues, nous avons publié une étude scientifique pour démontrer que cette « méta-analyse » n'avait pas pris en compte toutes les études publiées sur le sujet, notamment celles démontrant l'efficacité de l'hydroxychloroquine.

Le 6 avril 2021, soit près de neuf mois plus tard, la revue *International Immunopharmacology* publie une étude réalisée en Iran sur 28 759 adultes non hospitalisés, souffrant d'une forme légère du Covid entre trois et sept jours après le début des symptômes. 7 295 patients sont traités par hydroxychloroquine. Six mois plus tard, l'étude rapporte un taux d'hospitalisation inférieur de 38 % dans le groupe traité par la molécule par rapport au groupe contrôle, celui qui ne l'a pas reçue, et un taux de décès inférieur de 70 %.

Je n'ai jamais douté de l'efficacité de l'hydroxychloroquine même si, c'est vrai, elle passe pour un traitement précoce. Que, suite à une étude chinoise randomisée (étude comparative entre des patients traités et non traités, avec tirage au sort), et à l'expérience de Marseille, nous l'avions largement utilisée avec mon équipe à l'hôpital de Garches au début de l'épidémie en 2020. Nous avions publié les résultats : Garches et l'IHU de Marseille avaient les taux de mortalité les plus faibles de France ! J'ai défendu la potion de mon confrère Didier Raoult avec, je crois, une certaine ténacité en expliquant que l'hydroxychloroquine fonctionnait. Cela m'a valu le doux nom de charlatan ! Mais ce titre, octroyé par des incompétents, a pour moi une grande valeur honorifique. Tous les pays du monde qui ont largement utilisé la chloroquine, l'hydroxychloroquine – la Turquie, Israël, le Maroc, l'Inde... – puis l'ivermectine ont fait reculer l'épidémie. Ce que je cherche à montrer, c'est que, sur ce sujet, les experts ont dit tout et leur contraire.

Pour finir de vous convaincre, voici une dernière étude, parue dans l'*Asian Journal of Medicine and Health* le 15 août 2020. Elle est réalisée par neuf Français et un Belge. Voilà maintenant ce que les chercheurs concluent : « Une large utilisation de l'hydroxychloroquine est fortement associée à un très faible taux d'accidents de trottinette à la fois dans le temps (2020 *versus* 2019) et dans l'espace (Marseille, Bouches-du-Rhône *versus* le reste de la France). De plus, les résultats de notre étude randomisée rétrospective prouvent sans aucun doute que l'utilisation prophylactique d'une combinaison hydroxychloroquine plus azithromycine a aidé à prévenir l'accident de trottinette. »

Cette étude a vraiment fait l'objet d'une publication dans une revue scientifique. C'était, vous l'avez compris, un canular de la part des auteurs, pour prouver qu'une étude publiée n'est pas forcément bien faite. Ce qui ne m'empêche pas, pour ma part, après avoir analysé leurs méthodes et lu leurs résultats, d'être entièrement d'accord avec leur conseil : il s'agit d'un bon moyen pour prévenir les accidents de trottinette dans le monde !

Question 16

Comment la Chine, là où tout a commencé, s'en est-elle sortie ?

C'est la question qui brûle les lèvres !

Je ne reviendrai pas ici sur les origines du virus Covid-19, mais une information, délivrée il y a quelques semaines, est venue heurter mon tympan déjà fragilisé par toutes les aberrations que j'ai entendues durant ces trois années de pandémie mondiale : l'Organisation mondiale de la santé, le 10 juin 2022, a appelé à « de plus amples recherches » sur la thèse d'une fuite du virus d'un laboratoire chinois[1]. L'information a interloqué plus d'un journaliste puisque plusieurs médias l'ont relayée.

Le Groupe consultatif scientifique sur les origines des nouveaux agents pathogènes, le SAGO – on n'est plus à un organisme près – a en effet affirmé que c'était « une des pistes de recherche » parmi d'autres et qu'elle n'était donc pas à exclure.

---

1. https://www.tf1info.fr, le 10 juin 2022.

En 2021, un groupe mixte d'experts internationaux et chinois avait pu, après de longues tractations avec le gouvernement chinois, enquêter à Wuhan, mais, faute de données, l'hypothèse avait été écartée. Elle ne l'est donc plus. Mais erreur humaine, pangolin, chauve-souris ou serpent, peu importe : tant que la Chine ne participera pas activement aux enquêtes, son secret sera bien gardé !

Car en Chine, on fait rarement dans la demimesure. S'il fallait classer les pays suivant leur réactivité, la Chine serait numéro 1 : en un claquement de doigts, le gouvernement chinois a transformé le pays en bunker géant. Au troisième cas de Covid déclaré, interdiction de sortir pour les habitants de la ville dont le malade est issu ! Pas besoin d'attestation : ici, toute sortie est strictement interdite sept jours sur sept, vingt-quatre heures sur vingt-quatre. Les portes d'entrée sont condamnées, et ce n'est pas une image puisqu'on les cloue – les portes, je précise, puisqu'on parle de la Chine –, et les contrôles policiers sont drastiques. Et gare au citoyen chinois qui manifesterait son mécontentement, ou s'exprimerait sur le fait que tout ça n'est pas foncièrement démocratique. J'ai cité dans mon livre précédent[1] quelques noms de scientifiques ayant dit ce qu'ils pensaient de

1. *Décidément, ILS n'ont toujours rien compris*, *op. cit.*

leur gouvernement et qui sont morts… accidentellement bien sûr. En se tirant eux-mêmes une balle dans le dos par exemple.

Mais revenons-en à la rapidité de réaction de ce merveilleux pays qu'est la Chine. Les autorités ont non seulement mis trois villes sous quarantaine, soit plus de 20 millions d'habitants, mais ont aussi interdit le trafic aérien, ferroviaire, fluvial et routier, et stoppé net les transports publics en direction et en provenance desdites villes. Et les autorités ont immédiatement exigé, début 2020, le port du masque dans les trois villes… fantômes puisque tout le monde est sous clé. Dans le seul mois de janvier 2020, la République populaire de Chine a fait construire deux hôpitaux de campagne, l'un d'une superficie de 25 000 mètres carrés pouvant accueillir 1 000 patients et l'autre pouvant en abriter 1 600 ; a fait emprisonner chez eux non pas 20 millions mais 56 millions de gens, soit toute la province de Hubei où le troisième cas de Covid a pointé le nez ; a rapatrié presque de force ses ressortissants vivant à l'étranger qui, du coup, puisque c'est demandé si gentiment, sont rentrés en Chine ; et a fermé toutes les grandes villes les unes après les autres, transformant les camps de vacances en camps tout court, où même les habitants négatifs au test Covid étaient placés en quarantaine, avec bracelet électronique…

Mais, le 3 février 2020, patatras ! le modèle chinois s'enrhume : le pays appelle la communauté internationale à l'aide. La raison prêterait à sourire si la suite n'était pas à pleurer : la Chine n'a pas assez de masques. À quoi peuvent-ils bien servir, alors que le pays est devenu une prison géante ? Apparemment, la question n'est pas là, puisque la communauté internationale réagit immédiatement à la demande. Et l'un des premiers pays à envoyer des masques, et du matériel médical aussi, est ? La France ! Qui, mi-février 2020, juste avant que l'épidémie ne frappe l'Hexagone, a envoyé 17 tonnes de masques de protection, produits désinfectants et gants[1]. Alors que dans les hôpitaux français, déjà au bord du gouffre avant même qu'on ait prononcé les mots « Covid-19 » ou « pandémie », nous tournons avec, au mieux, un masque pour cinq soignants et deux paires de gants pour dix.

Applaudissons donc bien fort la Chine, pays qui a le plus vite réagi au vilain virus en privilégiant les traitements précoces par l'hydroxychloroquine et certaines médecines naturelles

1. Site du ministère des Affaires étrangères, www.diplomatie.gouv.fr : « Chine – Envoi de fret médical en solidarité avec la Chine à destination des structures hospitalières de Wuhan et de la province d'Hubei » (19 février 2020).

chinoises dont la phytothérapie par l'*Artemisia*. Virus qui, rappelons-le, venait de là-bas, même si on sait maintenant que d'autres laboratoires dans d'autres pays, dont la France et les États-Unis, avaient déjà commencé à le modifier.

Question 17

Emmanuel Macron a-t-il fragilisé les institutions ?

« Il était une fois une démocratie. Ce pays merveilleux s'appelait la France et était dirigé par des présidents de la République. Jusqu'en 2020, existait ce qu'on nommait alors les institutions : l'Assemblée nationale, le Sénat, le Conseil constitutionnel, le Conseil d'État, la Cour des comptes et le Conseil économique, social et environnemental entre autres, avec lesquelles le président partageait le pouvoir. Le chef d'État ne pouvait prendre aucune décision sans les avoir consultées au préalable, offrant ainsi au peuple la garantie que la démocratie était respectée.

« Mais un jour de décembre 2019, le virus du Covid frappa le pays… »

J'aurais pu continuer sur ce ton si le conte de fées ne s'était mué en cauchemar quand Emmanuel Macron a annoncé, le soir du 16 mars 2020, au peuple français : « Nous sommes en guerre, en guerre sanitaire certes. Nous ne luttons ni contre une armée ni contre une autre nation, mais l'ennemi est là, invisible, insaisissable, et qui progresse. Et cela requiert notre mobilisation générale. Nous sommes en guerre. »

À partir de ce jour, le président n'a eu de cesse d'élargir ses pouvoirs, déjà fort étendus pourtant. Il a même créé de nouvelles institutions.

Emmanuel Macron a notamment mis en place un Conseil de défense, organe qui prendra toutes les décisions pendant cette pandémie – « sans précédent » répètent nos dirigeants, puisqu'elle tue 0,002 % de la population… – comme pour se convaincre eux-mêmes du bien-fondé de leur politique. Quel sera désormais le rôle dévolu au Conseil des ministres, censé décider pour le peuple ? À l'Assemblée nationale, qui, jusque-là, votait ou non les décisions du gouvernement ? Au Sénat, qui donnait son avis ? Ce dernier s'en est ému, si l'on en croit un rapport daté du 23 février 2022 : « Un tel mode de gouvernance achève de déséquilibrer les institutions », écrivent les sénateurs.

Car cette institution nouvelle, le Conseil de défense, créée pour gérer la crise du Covid par le président, est classée « secret-défense » : qui la compose ? On ne sait pas. Comment les décisions sont-elles prises ? On n'en sait rien non plus. Que sait-on, alors ? Rien, tout est classé secret-défense ! « Si la communication de l'Élysée présente le Conseil de défense comme un organe de décision ouvert, précisons que le président de la République préside ce conseil et décide seul de sa composition ; les avis du Conseil scientifique sont rarement publiés "sans délai" comme le prévoit la loi », précise le rapport. Un despote à la tête d'une république bananière n'aurait pas agi autrement.

Question 18

Après trois ans de pandémie, peut-on considérer que les laboratoires sont dignes de confiance ?

Comme le gouvernement français n'a jamais autorisé les traitements contre le Covid, il lui fallait des vaccins. Et vite ! Les laboratoires ont donc eu les coudées franches pour faire tout et n'importe quoi. Par exemple, les seules études sur lesquelles les États se sont fondés pour valider les produits que l'Europe a autorisé à nous faire injecter sont celles réalisées par les laboratoires eux-mêmes. Aucune enquête, aucun test indépendant n'a été fait pour savoir si le produit était fiable. Et non seulement les seuls tests effectués sur les vaccins sont ceux des laboratoires, mais ils sont aussi, d'après certains salariés des laboratoires impliqués, souvent mal exécutés : données falsifiées, mauvais étiquetage des vaccins durant la phase de test, mauvaise conservation des produits[1], mauvais suivi des personnes tests.

1. « Covid-19 : Un chercheur dénonce des problèmes d'intégrité des données dans l'essai de vaccin de Pfizer », *British Medical Journal*, 2 novembre 2021.

Le suivi calamiteux de ces dernières par Pfizer a fait scandale outre-Manche. Un collectif de médecins s'est associé à la Chambre des lords, l'organe qui examine les lois, pour publier une tribune le 3 décembre 2021 dans le *BMJ*[1] et accuse le géant pharmaceutique de fraude. En France ? Aucun organe de presse national, aucun homme politique n'a, à ma connaissance, réagi à cette information capitale.

Comme chaque fois qu'est remise en cause l'exemplarité des laboratoires pharmaceutiques, j'entends déjà crier aux « illuminés », aux « complotistes », aux « antivax ». Admettons. Qui douterait en revanche de la parole de Christine Cotton, biostatisticienne de renom, une des experts que l'OPECST, l'Office parlementaire d'évaluation des choix scientifiques et technologiques, choisit pour avoir un éclairage sur les effets secondaires des vaccins contre le Covid le 30 mars 2022 ? Cette éminente spécialiste reconnue par ses pairs affirme, dans les colonnes de *France Soir*, le 7 février 2022, que les résultats annoncés par Pfizer ne peuvent être considérés comme « fiables » et « intègres » au regard des bonnes pratiques cliniques – ce que conteste l'entreprise – et demande donc la suspension en urgence de toute vaccination par Comirnaty. Il reste que le secteur est riche

1. www.bmj.com.

en polémiques, les laboratoires étant coutumiers de ces pratiques contestées et… contestables.

Car avant tout, avant même les résultats frauduleux, les essais bâclés ou falsifiés, les laboratoires sont des entreprises privées, dont le but est de gagner de l'argent avec les produits qu'ils fabriquent. Comment entendre les propos de Stéphane Bancel, P-DG de Moderna, dans *Le Figaro*, le 1er décembre 2021 : « Malheureusement, ce virus ne va pas disparaître et nous allons devoir apprendre à vivre avec, comme nous l'avons fait avec la grippe. Des rappels annuels seront nécessaires. […] Notre stratégie est de développer un rappel annuel unique qui contienne tous les virus respiratoires. » Moderna, et les laboratoires en général, a tout à gagner à ce que le virus s'installe dans nos vies, ce qui ne les empêche pas d'être des acteurs clés de la santé publique.

Enfin, c'est souvent dans les pages justice qu'on trouve le plus d'informations sur les firmes pharmaceutiques qui nous ont fourni les vaccins. Et les nouvelles ne sont pas bonnes.

Chacune de ces firmes a son lot d'affaires. Prenons Pfizer, groupe pharmaceutique qui fournit le plus grand nombre de doses de vaccins en Europe[1]. Associé à BioNTech – qui pour le

---

1. *Les Échos*, 15 décembre 2020, « Covid : quel pays a acheté quel vaccin ? ».

moment passe à travers les gouttes – pour mettre au point son vaccin, le laboratoire est loin d'être un modèle de vertu.

Il a dû faire face à soixante-quatorze affaires, qui en disent long sur la moralité du groupe et lui ont coûté des milliards de dollars d'indemnisations : en 2009, la firme a versé 75 millions de dollars au Nigéria pour mettre fin à une procédure concernant des essais thérapeutiques non autorisés ayant entraîné la mort de onze enfants[1] ; 2,3 milliards de dollars, la même année, aux autorités américaines, qui l'ont accusé d'avoir fait la promotion abusive de plusieurs médicaments, dont le Bextra, molécule contre l'arthrite interdite depuis sa création par la FDA, l'autorité américaine de mise sur le marché, parce qu'elle causait des problèmes cardiovasculaires. Plusieurs millions aussi à Becky McClain, en mars 2010, salariée qui accusait Pfizer de ne pas avoir mis en œuvre les mesures de sécurité nécessaires pour protéger son personnel après avoir été infectée par un virus développé par le laboratoire ; 107 millions de dollars d'amendes, en 2016, au Royaume-Uni pour avoir, quatre ans plus tôt, augmenté le coût d'un médicament antiépileptique, l'Epanutin, de

1. AFP, 23 février 2011, « Pfizer : accord pour clore toutes les poursuites sur le Trovan au Nigéria ».

plus de 2 600 %, sans raison valable, à part l'envie de faire de l'argent à tout prix ; 60 millions de dollars en 2012 pour avoir payé des pots-de-vin à des médecins et à des représentants de gouvernement en Chine, en Tchéquie, en Serbie, en Bulgarie, en Croatie, en Italie, en Russie et aux Kazakhstan[1].

Le laboratoire américain Johnson & Johnson n'a rien à envier à son acolyte puisqu'il a été mouillé jusqu'à présent dans plusieurs scandales, et non des moindres, notamment le Tyrenol, contaminé au cyanure ; le Risperdal[2] ; du talc à l'amiante[3]. Mais surtout, Johnson & Johnson a été condamné à verser 572 millions de dollars dans l'énorme scandale des opiacés, impliquant plusieurs laboratoires aux États-Unis : le chiffre contesté par la firme de 500 000 morts par overdose d'antidouleurs addictifs a ainsi été avancé.

Moderna ne fait l'objet quant à lui d'aucune poursuite, d'aucune condamnation. Mais avant de

1. https://lemonde.fr/economie/article/2012/08/07/accusations-de-corruption-Pfizer-va-régler-pour-60millions-de-dollars_1743442_3234.html.

2. *The Huffington Post*, « America's most admired law-breaker », Steven Brill, 21 septembre 2015.

3. https://lemonde.fr/international/article/2021/06/01/cancer-johnson-amp-johnson-definitivement-condamne-pour-son-talc_6082420_3210.html.

mettre sur le marché son vaccin anti-Covid, le laboratoire a affirmé qu'il n'y avait aucun effet indésirable grave ni aucune réaction sévère à l'injection. Malheureusement pour lui – et pour nous ! –, plusieurs pays européens ont recueilli dès les premiers mois plus de 140 000 rapports de femmes qui disent avoir remarqué un changement dans leurs cycles menstruels après injection. Autre caillou dans la chaussure de la firme : Moderna a reçu 4,1 milliards de dollars pour la recherche et la fourniture dans les meilleurs délais de doses de vaccin aux pays pauvres. Or il a fallu attendre mai 2021, soit six mois après l'autorisation de mise sur le marché de l'Agence américaine du médicament, pour que le laboratoire envoie des vaccins aux pays concernés, et à hauteur de seulement 34 millions de doses – lui qui espérait pouvoir fournir entre 800 millions et 1 milliard de doses en 2021 et 3 milliards en 2022[1].

Passons enfin à AstraZeneca, soupçonné, en 2013, d'avoir acheté des médecins et des responsables chinois en leur offrant des voyages. En 2016, le laboratoire est condamné à payer une amende de 6 millions de dollars, pour les mêmes faits de corruption, mais en Russie cette

1. www.rfi.fr, 29 avril 2021, « Vaccin contre le Covid-19 : Moderna vise les 3 milliards de doses en 2022 ».

fois[1]. En 2018, le même scénario se serait produit, cette fois en Irak, d'après le Serious Fraud Office[2]. Le bureau d'enquête anglais soupçonne AstraZeneca – qui s'en défend – d'avoir fourni gratuitement au gouvernement irakien des médicaments et du matériel pharmaceutique, sachant qu'ils seraient ensuite revendus au marché noir pour financer notamment des attaques terroristes.

Au-delà de ces affaires, il y a la question des vaccins eux-mêmes : a-t-on le droit de débattre de leur efficacité sans être sanctionné ou poursuivi en justice ou par le tribunal – des experts – qui détiennent la vérité ? Car c'est un fait que chacun de nous a pu constater : ces vaccins n'empêchent pas d'être contaminés, ou de développer la maladie. Au contraire, les données de plusieurs pays montrent que ce sont les vaccinés qui font le plus de formes graves et qui décèdent le plus. Comment les autorités de nombreux pays ont-elles pu néanmoins accepter que l'on évalue un nouveau vaccin en quelques mois, sans avoir toutes les données en matière de toxicité ?

1. « AstraZeneca to pay $5.5 millions for bribing doctors in China and Russia », www.statnews.com, 31 août 2016.
2. https://www.sfo.gov.uk.

Normalement, pour un vaccin « classique », il faut de longues années d'études avant d'autoriser la commercialisation.

Or ici, il s'agit de techniques totalement nouvelles dans le monde de la vaccinologie (ARN messager), ce qui devrait demander encore plus de recul. Et lorsqu'un nouveau vaccin est commercialisé, il faut attendre encore dix ans avant que l'on puisse le proposer à la femme enceinte. Même Olivier Véran avait déclaré publiquement qu'on ne vaccinerait pas les femmes enceintes. Or, quelques mois plus tard, il le faisait personnellement et publiquement avec une collègue députée enceinte. Le ministre portait le masque lors de l'inoculation, mais je l'ai reconnu ! De plus, c'est maintenant de notoriété publique, notamment grâce à un article du *British Medical Journal*, que des parties d'études sur les vaccins ont été truquées.

Question 19

Y a-t-il des alternatives au vaccin pour soigner le Covid ?

À en croire les nombreuses interventions d'Emmanuel Macron, non, il n'y en avait vraiment aucune !

Le 24 avril 2021, on lit sur le site Internet de l'Élysée : « La vaccination : seule solution face au Covid-19. » Le 8 juin, le président déclare sur BFM TV : « Le vaccin, c'est le seul moyen de nous sortir de l'épidémie. » Le 12 juillet 2021, lors d'une allocution, il dit aussi : « Nous devons aller vers la vaccination de tous, car c'est le seul chemin vers le retour à la vie normale. » Le 2 août 2021, sur les réseaux sociaux Instagram et TikTok, il renchérit : « Depuis le début de l'été, nous entendons beaucoup parler de la quatrième vague, et de la seule arme que nous avons face à elle : le vaccin. » Enfin, lors de ses vœux, le 31 décembre 2021, il réitère : « Ce soir, je veux le redire avec beaucoup de force et de conviction : la vaccination est notre plus sûr atout. »

Marre des slogans et de la langue de bois ! Le vaccin n'est pas le seul et unique remède au Covid. Je le répète encore une fois : n'en déplaise à mes détracteurs les plus virulents, je ne suis pas antivax, je suis même à fond pour la vaccination quand elle est utile et justifiée. J'ai été pendant plusieurs années président du Comité technique de vaccination, et ancien membre et vice-président du groupe ETAGE (European Technical Advisory Group of Experts on Immunization), groupe d'experts conseillant la politique vaccinale dans la région Europe de l'Organisation mondiale de la Santé. Je crois au progrès ! Mais concernant le Covid, il ne s'agit ni de mon intuition, ni d'un sentiment, ni même de ma conviction profonde : j'ai des preuves de ce que j'avance. Il existe des traitements pour éradiquer ce virus. Mais on ne les a même pas essayés. Pire : on les a foulés aux pieds ! Pourquoi ? Parce que beaucoup d'États, le nôtre en tête, n'ont aucun intérêt à commercialiser des gélules à quelques centimes alors que les vaccins rapportent des milliards à Big Pharma.

Or, cette industrie, comme les autres, peut soutenir une campagne électorale. Emmanuel Macron, en 2017 comme en 2022, n'a d'ailleurs pas rendu public le financement de la sienne. Europe 1 publie un article le 31 janvier 2022, dans lequel on apprend que des dîners sont organisés dans des appartements privés avec de potentiels donateurs, auxquels participent « certains ministres et secrétaires d'État ». Mais rien ne fuite sur ces mystérieux « donateurs ». Ne pas donner leurs noms est pourtant parfaitement illégal. De quoi alimenter l'imagination.

Emmanuel Macron justifie son choix par une phrase imparable en apparence : « Nos décisions se sont toujours fondées sur la connaissance scientifique. » C'est faux, sinon, on aurait misé sur les traitements qui marchent bel et bien : l'hydroxychloroquine – qui a déchaîné les passions en France –, et aussi dans une certaine mesure l'ivermectine[1] ! Pour l'Agence nationale du médicament, l'ANSM, l'analyse des données publiées, « du fait de leurs limites méthodologiques, ne permet pas d'étayer un bénéfice clinique de l'ivermectine quel que soit son contexte d'utilisation, en

1. Voir l'article publié le 10 mars 2021, dans le *Journal japonais des antibiotiques*, et signé par des professeurs de renom : Morimasa Yagisawa, Patrick J. Foster, Hideaki Hanaki et Satoshi Omura, Prix Nobel de médecine, qui font un point précis sur cet antiparasitaire commercialisé depuis les années 70 préconisé par de nombreux médecins pour lutter contre le Covid, https://jja-contents.wdc.jp.com/pdf/jja74/74-1-open/74-1_44-95.pdf.

traitement curatif ou en prévention de la maladie Covid-19 ». Le 1er avril 2021, elle oppose une fin de non-recevoir en bonne et due forme : l'ivermectine ne sera jamais prescriptible en France dans le cadre d'un traitement contre le Covid-19.

Aux États-Unis, une organisation de médecins bénévoles, Free Doctors, a pourtant traité plus de 150 000 patients atteints du Covid et obtenu un taux de survie de 99,99 %. Le docteur Ben Marble, fondateur de cette coordination, déclare que lui et son équipe de docteurs bénévoles prescrivent le protocole du docteur Peter McCullough. La prescription se compose d'hydroxychloroquine, d'ivermectine, d'anticorps monoclonaux et de prednisone ou autres médicaments génériques peu coûteux. Ils prescrivent aussi de la vitamine C et D, et du zinc.

Le docteur McCullough, éminent cardiologue et épidémiologiste, a publié, le 6 août 2020, son protocole de traitement dans la revue *The American Journal of Medicine* revue qui compte parmi les plus prestigieuses et les plus sélectives du monde. Pour qu'une analyse y soit exposée, elle est épluchée, dépiautée même par d'autres scientifiques, et si une information va à l'encontre de l'avis ou des analyses des experts, elle est retoquée.

L'étude de McCullough est aussi solide que ma conviction : il existe des traitements contre le

Covid, mais les États n'en veulent pas, parce que, comme le dit le fondateur de Free Doctors : « Ils ne veulent pas que vous utilisiez des médicaments génériques non conformes à leurs directives [car] cela n'apporte aucun profit au système. »

Question 20

Le gouvernement a-t-il tenu les promesses qu'il avait faites aux Français ?

Le président, le Premier ministre, les ministres, ont, depuis le début de la crise, affirmé aux Français – parfois avec une telle énergie qu'on a vraiment eu envie d'y croire ! – un nombre incalculable de fois que telle ou telle décision ne serait jamais prise, alors qu'en fait elles ont toutes été mises en place.

Autant de promesses non tenues par l'État envers ses citoyens.

Olivier Véran, à l'Assemblée nationale le 13 janvier 2021, dit : « Le gouvernement a fait savoir son intention de ne pas recourir au passeport sanitaire. » Emmanuel Macron répond, quant à lui, à la presse quotidienne régionale, le 29 avril 2021 : « Le passe sanitaire ne sera jamais un droit d'accès qui différencie les Français. Il ne saurait être obligatoire pour accéder aux lieux de la vie de tous les jours comme les restaurants, théâtres et cinémas, ou pour aller chez des amis. » Et Gabriel Attal, secrétaire d'État et porte-parole du gouvernement, sur BFM TV le 19 mai 2021, d'expliquer : « C'est le choix qu'on a fait, c'est typiquement de ne pas vous demander un passe sanitaire pour aller boire un café en terrasse en bas de chez vous, voilà, l'important, c'est d'être pragmatique. »

Il n'a échappé à personne que le 12 juillet 2021, soit à peine deux mois et demi plus tard, Emmanuel Macron a déclaré : « Dès le 21 juillet, le passe sanitaire sera étendu aux lieux de loisirs et de culture. À partir du mois d'août, le passe sanitaire s'appliquera dans les cafés, les restaurants, les centres commerciaux, ainsi que dans les hôpitaux, les maisons de retraite, les établissements médico-sociaux et dans les transports de longue distance. »

Même constat pour les tests censés rester gratuits pour tous. Emmanuel Macron, dans une interview à la presse régionale, le 29 avril 2021 rassure : « Je tiens beaucoup à l'unité de la nation. Sur le plan sanitaire, chaque innovation a été accessible à tous. Les tests sont gratuits en France. Très peu de pays sont dans ce cas. Nous n'avons laissé personne au bord de la route. La République et l'État-providence ont été au rendez-vous. »

Le même 12 juillet 2021, il ordonne : « À l'automne, les tests PCR seront rendus payants, sauf prescription médicale, et ceci afin d'encourager la vaccination plutôt que la multiplication des tests. »

Quant à la troisième dose de rappel censée ne jamais être obligatoire, là encore, le gouvernement nous a bien enfumés. Olivier Véran, lors d'un point Covid le 26 août 2021, assure : « Il n'y aura pas d'impact de la troisième dose sur le passe sanitaire, c'est-à-dire que si vous avez votre passe sanitaire, que vous alliez prendre votre rappel ou non, vous garderez le bénéfice [...]. » C'est lui-même qui, le 25 novembre 2021, énonce le contraire : « Vous le savez, à compter du 15 décembre, pour les plus de 65 ans, il ne sera plus actif si le rappel n'a pas été fait dans un délai de sept mois après l'infection ou après la dernière injection ! »

Enfin, le gouvernement nous a assuré, « preuves à l'appui, que les anti-passe [étaient] des fascistes, donc un danger pour notre démocratie ». Cette volonté de passer en force s'est manifestée à tous les stades de la crise sanitaire. Rappelons que les masques qui nous ont été imposés ont un intérêt dans la pièce où séjourne un malade symptomatique qui tousse et qui crache, que ce soit à domicile ou à l'hôpital, mais n'ont aucun intérêt en population générale chez des personnes en bonne santé. Cela a été démontré par des études dans plusieurs pays. De plus, le port permanent du masque est nocif pour la santé, gênant l'élimination respiratoire de certains déchets de l'organisme et diminuant l'oxygénation du sang. Les tests PCR (technique d'amplification génique), selon les données de la science, ne doivent pas être réalisés en population générale chez des personnes en bonne santé, en raison du risque élevé de résultats faussement positifs pour des personnes indemnes du virus. Pour ces tests PCR, le nombre de cycles d'amplification doit être limité, sinon on amplifie « du vent » ou des fragments de virus inertes ne témoignant pas d'une infection active. Pourtant, la plupart des pays ont amplifié à outrance, au-delà de 40 à 45 cycles, ce qui est une hérésie scientifique. C'est ainsi qu'à partir de l'été 2020, les milliards d'euros investis ont généré des « épidémies de tests positifs » chez des personnes en pleine forme, permettant de parler de « vagues épidémiques » totalement surgonflées, qui étaient censées décimer la planète. Ce n'est plus de la santé publique, c'est de la fabrique de pandémie artificielle. Pourtant, l'épidémie a continué et continue toujours, mais avec des variants de moins en moins virulents, qui ne donnent presque plus de formes graves.

Autrement dit, elle est quand même en train de régresser.

Question 21

Combien nous a coûté ce virus ?

« Beaucoup », « très cher », « à la folie », serais-je tenté de répondre ! Mais, pour éviter d'être de nouveau mal vu, j'ai décidé de m'appuyer sur un document consultable par chaque citoyen : le rapport annuel de la Cour des comptes. Ce rapport, qu'elle rend en février 2022, étrille point par point la gestion financière catastrophique de la crise sanitaire par Emmanuel Macron et ses troupes. La Cour serait-elle devenue complotiste ?!

Le rapport, 702 pages intitulées « Les acteurs publics face à la crise : une réactivité certaine, des fragilités structurelles accentuées » – entrée en matière pour le moins explicite ! –, dézingue dès l'introduction le fameux « quoi qu'il en coûte » du président : « À l'image de la pandémie, les moyens publics déployés pour y faire face ont été d'une ampleur inédite. Cet effort considérable va durablement peser sur le déficit et la dette publics, dont la réduction va nécessiter des efforts sans précédent de maîtrise des dépenses. »

L'expertise débute par un bilan global des dépenses publiques : « En 2022, près de deux ans après le déclenchement de la crise sanitaire […], la prévision de déficit pour 2021 annoncée par le gouvernement […] conduit cependant à s'interroger sur la qualité des prévisions sur lesquelles sont assis les textes financiers soumis à l'approbation du Parlement. » Suit la réponse du ministre lui-même : « Nous regrettons la critique de la Cour sur la qualité des prévisions du gouvernement concernant le déficit public 2021. Cette critique s'appuie sur les données disponibles aujourd'hui, alors qu'elle devrait se référer aux informations dont le gouvernement disposait au moment de réaliser ses prévisions et prendre en compte l'incertitude particulièrement marquée qui entoure les exercices de prévision dans la période actuelle. » Difficile de faire confiance au gouvernement quand ce qu'il affirme un jour n'est plus valable le lendemain !

Pierre Moscovici, premier président de la Cour des comptes, a bien essayé d'éteindre l'incendie en déclarant, à peine la lecture des 702 pages du rapport terminée : « L'administration française a été réactive et a fait preuve d'une grande capacité d'adaptation. Tirons un coup de chapeau à l'État, qui a montré que, s'il ne pouvait pas tout, il pouvait beaucoup. » Alors que la dette publique sera à 560 milliards d'euros d'ici la fin 2022 ?

Le gouvernement a tellement dépensé que le travail des cinq prochaines générations ne suffira pas pour rembourser ? Aucune importance, puisque le peuple est d'accord pour rembourser ! Parce que les entreprises faisant faillite, déjà 28 371 fin 2021 et encore 6 000 à venir[1], ne rembourseront pas avant de tirer le rideau. Donc c'est vous, moi, nous qui allons le faire via nos impôts.

1. D'après les chiffres publiés par Altares en janvier 2022.

Question 22

Quel rôle ont joué les cabinets de conseil dans la gestion de cette crise ?

Le président de la République, après avoir relégué au rang de figurantes les institutions de la République, a piétiné les dizaines d'organismes chargés des questions sanitaires en France et a préféré faire appel à des cabinets de conseil externes pour gérer la crise.

Les sénateurs, dans un rapport datant du 16 mars 2022, étrillent une fois de plus le gouvernement avec une virulence à la hauteur de la colère qu'inspire l'omniprésence d'acteurs privés – américains de surcroît pour la plupart – dans le fonctionnement de notre démocratie. D'abord parce que avoir recours au privé, en politique comme ailleurs, coûte énormément d'argent. De *notre* argent : « En 2021, les dépenses de conseil de l'État au sens large ont dépassé le milliard d'euros. » Ensuite parce que les compétences de ces cabinets d'audit existent au sein même de l'État : « Le recours aux consultants constitue aujourd'hui un réflexe : ils sont sollicités pour leur expertise technique – même lorsque l'État dispose déjà de compétences en interne », dit le rapport. Pourquoi aller chercher ailleurs à prix d'or ce que l'on trouve chez nous pour rien ?

Le rapport s'attarde sur le rôle exact de ces cabinets privés dans notre démocratie, et la conclusion fait froid dans le dos : « En pratique, les consultants sont intervenus sur la plupart des grandes réformes du quinquennat, renforçant ainsi leur place dans la décision publique. » Il pointe aussi – « encore » serait le terme exact – un énième mensonge de l'État : « Interrogé sur le rôle du cabinet pendant la crise sanitaire, le ministre des Solidarités et de la Santé a assuré : “À aucun moment, McKinsey ne m'a fait prendre la moindre décision en lien avec la crise sanitaire ou la campagne vaccinale.” La commission d'enquête constate néanmoins que McKinsey est intervenu sur des enjeux stratégiques de la campagne vaccinale, comme l'attestent deux exemples concrets. […] En premier lieu, McKinsey a préparé des documents au plus haut sommet de l'État […], a non seulement coordonné le registre des actions et décisions clés et préparé les réunions quotidiennes au sein de la task force “vaccins”, mais il a également contribué à revoir l'organisation et la gouvernance de cette cellule de crise. » McKinsey a pris purement et simplement les commandes de la gestion du Covid, voilà ce que nous dit le rapport du Sénat.

Le cabinet américain McKinsey n'est pas apparu avec la présidence Macron : déjà, en leurs temps, Nicolas Sarkozy et François Hollande ont fait appel à ses services pour piloter la France[1]. Mais son rôle prend une tout autre ampleur avec la crise du Covid et les dernières accusations de fraude fiscale. Et McKinsey n'en est pas à son premier scandale. Son palmarès en la matière laisse songeur : l'affaire Enron, la crise financière de 2007-2008, le scandale sanitaire des opioïdes, un autre scandale touchant l'industrie du tabac, puis encore un autre sur le prix des médicaments, le délit d'initié présumé du directeur général du cabinet aux États-Unis ; l'affaire Boeing en Inde ; un scandale touchant des dissidents emprisonnés en Arabie saoudite ; la chute de Valeant Pharmaceuticals au Canada ; une fête organisée à côté de camps d'internement en Chine – dictature pour laquelle il travaille ; son soutien au régime russe ; des accusations de corruption en Afrique du Sud, de détournement de fonds en Belgique et quelques poursuites pour racket et falsification de documents.

Le Sénat a essayé de comprendre le fonction-

1. *Le Monde*, « Les décodeurs », 29 mars 2022 : « McKinsey et Macron : le vrai et le faux sur la polémique ».

nement du cabinet en disséquant notamment le statut des consultants : « Tout au long de la crise sanitaire, les consultants sont ainsi assimilés à des agents publics, qui sont leurs "collègues de travail" :

– Ils accèdent à la cellule de crise du ministère des Solidarités et de la Santé, installée dans la bibliothèque Simone-Veil ;
– Les consultants participent également à des réunions clés, dont ils gèrent l'organisation, ainsi qu'à des déplacements ;
– Les consultants disposent parfois d'une adresse électronique du ministère (@sante.gouv.fr) ;
– Les consultants participent à la rédaction de notes administratives et peuvent même en être les principaux rédacteurs. »

En clair, Emmanuel Macron a mis la France entre les mains des Américains, payant tout ce beau monde grassement avec nos impôts – « les trois quarts des dépenses relèvent de trois cabinets : McKinsey (37,19 %), Citwell (20,50 %) et Accenture (16,10 %) » –, et sans aucune exigence de résultats de la part de leur employeur, l'État français : « Dans la plupart des cas, les évaluations du ministère se résument à la signature d'une fiche sommaire de "service fait", parfois accompagnée de la liste des produits livrables par le cabinet de conseil. »

Non content de distribuer des sommes qui auraient pu servir à redresser les hôpitaux français, les Ehpad, l'Éducation nationale, Emmanuel Macron a sous-traité la gestion de la France à des cabinets privés sans qu'aucune recherche en conflits d'intérêts n'ait été lancée avant de les engager : « La commission d'enquête constate un autre sujet de contradiction du gouvernement en ce qui concerne les obligations déontologiques imposées aux consultants […]. D'un côté, les expressions de besoins adressées par le ministère à McKinsey prévoient que “les personnes assurant ces missions devront établir une déclaration d'intérêts” […]. De l'autre, le ministre des Solidarités et de la Santé a déclaré devant la commission d'enquête : “La loi ne prévoit pas de vérification concernant les activités antérieures ou les liens familiaux des uns et des autres. Or nous avons scrupuleusement respecté la loi, rien que la lettre de la loi.” »

Interrogé, le 27 mars dernier, dans l'émission « Dimanche en politique » sur France 3, sur sa collaboration avec McKinsey, Emmanuel Macron a répondu : « Aucun contrat n'est passé dans la République sans qu'il respecte la règle des marchés publics. Que quiconque a la preuve qu'il y a manipulation mette le contrat en cause au pénal. » Si l'affaire était portée devant les tribunaux, ce serait parole contre parole, Emmanuel Macron bénéficiant de toute façon d'une immunité totale.

Question 23

Les lobbies ont-ils eu une influence ?

En octobre 2021, l'Observatoire des multinationales et l'ONG Corporate Europe Observatory publient un rapport sur la façon dont la France se prépare à prendre la présidence de l'Europe[1]. Il y accuse le gouvernement français d'être sous influence de grandes entreprises : « La présidence française se prépare en collaboration étroite avec les grandes entreprises françaises, via des réunions de lobbying, des événements publics et des demandes de contributions d'associations d'entreprises et think tanks (étroitement liés aux grandes entreprises), avec peu de transparence, tandis que la société civile et le grand public sont tenus à distance. »

Mais on y apprend aussi qu'il rencontre, en pleine crise, des lobbyistes des laboratoires pro-

1. https://multinationales.org/IMG/pdf/sous_influence.pdf.

duisant des vaccins : « Le 2 juillet 2021, le cabinet de lobbying FIPRA – représentant BASF, AstraZeneca, Bayer, Huawei entre autres – a par exemple organisé un événement avec Clément Beaune, secrétaire d'État chargé des Affaires européennes, et Pierre Gattaz, président de Business Europe, le principal lobby des entreprises de l'UE, pour discuter des attentes et priorités politiques de la présidence française. »

Ces rendez-vous avec les différents lobbies sont d'une opacité totale. C'est à peine si on sait avec qui ils ont eu lieu : « Avec retard, et conformément aux règles de l'UE, le représentant permanent de la France a publié la liste de ses rendez-vous de lobbying […]. Nous ne savons rien de plus […], la représentation française ayant refusé de publier plus de détails, pas même l'objet de ces réunions (pourtant systématiquement divulgué par les institutions européennes), sans parler des comptes rendus. »

De là à imaginer que les lobbies ont influencé la façon dont le gouvernement français a géré les trois ans de crise sanitaire, le pas est vite franchi !

Question 24

Certains réseaux puissants ont-ils profité de ces événements ?

C'est vieux comme le monde : il n'a pas fallu attendre la crise sanitaire mondiale pour apprendre que les puissants se cooptent entre eux, s'adjugent des postes clés par renvoi d'ascenseur, que, quels que soient les secteurs, les élites prennent leurs décisions suivant les services qu'ils ont à rendre, et que les conflits d'intérêts sont monnaie courante. Mais la pandémie a servi une fois de plus de loupe grossissante.

En janvier 2022, le Conseil d'analyse économique sort un rapport intitulé « L'impact des passes sanitaires sur le taux de vaccination, la santé et l'économie » en Europe [...]. On nous explique qu'ils « ont permis d'éviter environ 4 000 décès en France, 1 100 en Allemagne et 1 300 en Italie. Ils ont réduit les pertes de PIB d'environ 6 milliards d'euros en France, 1,4 milliard d'euros en Allemagne et 2,1 milliards d'euros en Italie. Leur mise en place a en particulier réduit la pression sur les unités de soins intensifs et, en France, a évité de dépasser les seuils d'occupation pour lesquels les confinements précédents avaient été déclenchés. »

Selon les auteurs du rapport, l'utilisation du sésame va même au-delà de leurs espérances : le passe nous a sauvés ! Il a épargné nos vies ! Il a évité la faillite économique de nos pays ! Il nous a délivrés des confinements et a préservé notre vie sociale ! Vraiment ? Quand plus de 10 millions d'entre nous ont été privés de toute vie sociale à cause du confinement ? Mais les partisans du gouvernement sont prêts à tout pour convaincre.

Les auteurs de ce rapport sont par ailleurs presque tous des exemples parfaits des conflits d'intérêts révélés par la crise du Covid : Miquel Oliu-Barton exerce à l'université Paris-Dauphine et en Belgique, donc payé par le gouvernement ; Bary S. R. Pradelski et Lionel Guetta travaillent tous les deux au CNRS, qui dépend du ministère français de la Recherche ; Nicolas Woloszko est employé à l'OCDE, organisme financé par ses pays membres, tous pro-passe ; Philippe Aghion enseigne pour sa part au Collège de France, établissement public financé en majeure partie par l'État ; Philippe Martin professe à Sciences Po, institution subventionnée par l'État. Et j'ai gardé le meilleur pour la fin : Arnaud Fontanet, lui aussi signataire du rapport, est… membre du Conseil scientifique, nommé par le gouvernement. Neutralité ? Zéro pointé. Crédibilité ? Nulle !

Certaines nominations, durant la crise sanitaire, à des postes influents auraient par ailleurs dû provoquer un débat déontologique : en décembre 2020, Heiko Echter von der Leyen, le mari de la présidente de la Commission européenne, est nommé directeur médical de la société de biotechnologie américaine Orgenesis, spécialisée dans les thérapies cellulaires et géniques, alors même que sa femme a signé, au nom de l'Union européenne, des contrats de plusieurs milliards d'euros pour acquérir les vaccins nouvelle génération que son époux développe. Quant à son fils David, il accède, à 28 ans, à un poste au sommet de la hiérarchie du cabinet américain McKinsey, puisqu'il en devient associé. Cabinet où Victor Fabius, fils de Laurent Fabius, est directeur associé. Cabinet qui a inspiré la stratégie vaccinale du gouvernement français, validée par le Conseil constitutionnel dont le président est… son père, Laurent Fabius.

Finalement, que s'est-il passé ? Rien, évidemment.

Question 25

Qui est Andrew Hill et en quoi est-il un contre-exemple en ces temps de crise sanitaire ?

Laissez-moi vous conter l'histoire hallucinante d'un scientifique qui, face aux pressions et aux enjeux financiers, s'est renié, enterrant au passage un traitement potentiellement très efficace contre le Covid[1].

Fin 2020, Andrew Hill, chercheur principal au département de pharmacologie et de thérapeutique de l'université de Liverpool, est invité à s'exprimer au sein de sa faculté sur les traitements possibles contre le Covid. Il est par ailleurs conseiller pour la Fondation Bill-et-Melinda-Gates, et chargé par l'OMS d'une mission d'évaluation sur la pertinence éventuelle de l'ivermectine en traitement du Covid. Son propos est un éloge de ce médicament : les résultats de son étude affichent une diminution de mortalité allant jusqu'à 75 % sous ivermectine.

1. Ivermectin meta-analysis by Dr. Andrew Hill, www.youtube.com/watch?v=yOAh7GtvcOs.

Le 6 janvier 2021, Hill défend ses résultats devant la commission du NIH Covid-19 Treatment Guidelines Panel[1]. Il réaffirme que l'ivermectine est efficace contre le Covid, défend ses conclusions avec entrain. Il est censé publier son rapport à l'OMS en mars 2021.

Mais, dans les jours qui suivent, le chercheur devient plus hésitant dans ses propos quand on l'interroge, fuyant à la moindre question, avant de se dédire : non, l'ivermectine ne peut être finalement considérée comme une thérapeutique fiable du Covid, explique-t-il, et il faudra bien d'autres études pour savoir si ce traitement peut ou non fonctionner. D'un coup, il ne croit plus du tout à cette molécule qu'il présentait comme miraculeuse quelques jours avant.

C'en est trop pour le docteur Tess Lawrie, fondatrice de l'Evidence Based Medical Consultancy, une entreprise anglaise indépendante de recherche médicale. Elle décide de s'entretenir avec Andrew Hill et enregistre la conversation. Le 18 janvier 2021, par visioconférence, Hill avoue avoir changé les conclusions de son rapport sur l'ivermectine sous la pression de son sponsor, UNITAID, une organisation internationale d'achats de médicaments, soutenue par les lobbies des vaccins,

1. https://www.covid19treatmentguidelines.nih.gov.

notamment la Fondation Bill-et-Melinda-Gates. Son article disait initialement : « L'ivermectine a permis de réduire significativement la durée d'hospitalisation, plus courte que celle du groupe témoin. » Mais une conclusion a été ajoutée au texte : « De nombreuses études incluses n'avaient pas encore été publiées ou revues par des pairs. Les méta-analyses sont sujettes à des problèmes de confusion. En outre, les normes de soins variaient considérablement d'un essai à l'autre, et la dose d'ivermectine et la durée du traitement étaient hétérogènes. L'ivermectine doit être validée dans des essais de plus grande envergure, randomisés et contrôlés. » Hill avoue avoir cédé à Big Pharma par lâcheté, étant « dans une position très sensible ». Il a aussi cédé aux sirènes de l'argent, puisque l'université de Liverpool a touché 40 millions de dollars en échange de cet étrange rapport. Et de centaines de milliers de vies mises en danger.

Voici pour se faire une opinion la transcription de la discussion entre les deux médecins[1] :

Dr Andrew Hill – Je pense que je suis dans une position très délicate ici.

---

1. Disponible à : http://app.videas.fr/embed/926756b4-7bf1-4009-8fe7-ea82977febc0/#.

Dr Tess Lawrie – Beaucoup de gens sont dans des positions délicates ; ils sont à l'hôpital, dans des unités de soins intensifs en train de mourir, et ils ont besoin de ce médicament. C'est ce que je ne comprends pas, vous savez, parce que vous n'êtes pas un clinicien. Vous ne voyez pas des gens mourir tous les jours. Et ce médicament prévient 80 % des décès. Donc 80 % des personnes qui meurent aujourd'hui ne devraient pas mourir puisqu'il y a l'ivermectine.

Dr Hill – Le NIH [Institut américain de la santé] n'accepterait pas de recommander l'ivermectine.

Dr Lawrie – Oui, parce que le NIH appartient au lobby des vaccins... C'est une mauvaise recherche. Donc, à ce stade, je suis vraiment, vraiment inquiète pour vous.

Dr Hill – Oui. Je veux dire, c'est une situation difficile.

Dr Lawrie – Non, vous pourriez être dans une situation difficile. Je ne le suis pas parce que je n'ai pas de financeur. Je peux dire la vérité... Comment pouvez-vous délibérément essayer de foutre le bordel... vous savez ? Alors, combien de temps allez-vous laisser les gens mourir inutilement ? Ça dépend de vous ? Quel délai avez-vous prévu pour cela, sinon ?

Dr Hill – Eh bien, je pense... je pense que

cela relève de l'OMS et du NIH, de la FDA [Food & Drug Administration] et de l'EMA [Agence européenne pour l'évaluation des médicaments]. Et ils décideront quand ils jugeront que trop, c'est trop.

Dr Lawrie – Vous préférez risquer la vie de nombreuses personnes. Vous savez que si vous et moi étions ensemble sur ce sujet, nous pourrions présenter un front uni et nous pourrions obtenir cela. Nous pourrions faire en sorte que ça arrive. Nous pourrions sauver des vies ; nous pourrions empêcher les gens d'être infectés. Nous pourrions empêcher les personnes âgées de mourir… Je suis médecin, et je vais sauver autant de vies que je peux. Et je vais le faire en faisant passer le message sur l'ivermectine… Malheureusement, votre travail va nuire à cela, et vous semblez être capable de supporter le fardeau de beaucoup, beaucoup de morts, ce que je ne peux pas faire. […]

Dr Lawrie (à propos de la modification des conclusions) – Alors, qui est-ce, à UNITAID ? Qui vous donne des avis sur vos preuves ?

Dr Hill – Eh bien, ce sont les gens qui sont là-bas. Je ne…

Dr Lawrie – Pourriez-vous me donner le nom de quelqu'un à UNITAID à qui je pourrais parler, afin que je puisse partager mes preuves et espérer les convaincre de les comprendre ?

Dr Hill – Oh, je vais devoir réfléchir à quel nom vous communiquer... Mais je veux dire que c'est très difficile parce que je suis, vous savez... j'ai ce rôle où je suis censé produire ce document et nous sommes dans un équilibre très difficile, délicat... Oui, c'est un lobby très fort...

Dr Lawrie – Alors, combien de temps pensez-vous que l'impasse va durer ?

Dr Hill – De mon côté ? Eh bien... Je pense que fin février, nous y serons dans six semaines.

Dr Lawrie – Combien de personnes meurent chaque jour ?

Dr Hill – Oh, bien sûr... Je veux dire... vous savez, quinze mille personnes par jour.

Dr Lawrie – Quinze mille personnes par jour fois six semaines... Parce qu'à ce rythme, tous les autres pays reçoivent de l'ivermectine, sauf le Royaume-Uni et les États-Unis, parce que le Royaume-Uni, les États-Unis et l'Europe sont détenus par le lobby des vaccins.

Dr Hill – Mon objectif est de faire approuver le médicament et de faire tout ce que je peux pour qu'il atteigne le maximum...

Dr Lawrie – Vous ne faites pas tout ce que vous pouvez, parce que tout ce que vous pouvez impliquerait de dire aux personnes qui vous paient : « Je peux voir que cela empêche les décès. Je ne vais donc plus soutenir cette conclusion, et je vais dire la vérité. » Eh bien, vous ne serez pas approuvé de la manière dont vous avez rédigé cette conclusion. Vous vous êtes, en fait, tiré une balle dans le pied, et vous nous avez tous tiré une balle dans le pied. Tous... tous ceux qui essayent de faire quelque chose de bien. Vous l'avez en fait complètement détruit... Je ne sais pas comment vous arrivez à dormir la nuit, honnêtement.

Voilà où nous en sommes arrivés. Si je diffuse le texte de cette conversation – qui n'a plus rien de privé depuis qu'elle circule largement sur les réseaux sociaux –, c'est pour montrer les contradictions mais aussi les revirements qui désormais caractérisent les prises de position des plus grands experts.

Question 26

Comment le gouvernement s'est-il occupé de nos vieux parents ?

Comme de tout le reste : en brassant de l'air devant les caméras et en dépensant notre argent sans s'attaquer au fond du problème.

Dans son rapport 2022, la Cour des comptes détaille la façon dont l'État a géré les Ehpad. Pour mémoire, près de 560 000 personnes vivent dans ces établissements[1]. « Les Ehpad ont certes reçu des EPI [équipements de protection individuels], mais de manière limitée [...] la semaine du 24 mars 2020. Les fortes tensions sur les approvisionnements ont poussé de nombreux Ehpad contrôlés dans le cadre de l'enquête à recourir à des moyens de fortune : masque porté toute la journée, moyennant l'ajout d'une compresse de gaze, confection de masques en tissu et de tenues de protection en sacs poubelles. [...]

---

1. Uni Santé, enquête de décembre 2020, https://www.uni-sante.fr.

Nombre d'entre eux sont remplacés par des personnels "faisant fonction" d'aides-soignants, bien qu'ils ne disposent pas des diplômes nécessaires. […] Le secteur médico-social et les Ehpad en particulier ont bénéficié, au cours de la pandémie, d'aides conjoncturelles sans précédent […]. Ce dernier effort financier aurait pu être l'occasion pour l'État d'engager des réformes structurelles trop longtemps différées. Tel n'a pas été le cas. »

Le constat que fait la Cour laisse sans voix et ne fait que confirmer ce que nous savions déjà : pas de masques, pas de personnel, et beaucoup d'argent gaspillé pour parer à l'urgence au lieu de réformer en profondeur le système. Et tout ça à grand renfort d'effets d'annonce : le rapport note que le gouvernement a fait installer Internet dans plusieurs Ehpad – et l'a fait savoir dès que l'occasion se présentait ! –, afin que, disait-il, la communication ne soit pas coupée avec les familles. Combien étaient-ils réellement en capacité physique et intellectuelle de surfer sur le Net ? De manipuler une tablette tactile ?

Et que se passait-il après, une fois les caméras éteintes et les micros rangés, c'est-à-dire après le pic épidémique, quand les portes des établissements se refermaient sur nos vieux parents en souffrance et des soignants à bout ? De nombreuses personnes âgées ont été isolées loin de leur famille pendant le confinement. La société française de gériatrie et gérontologie publie un rapport le 9 décembre 2020, rapport initialement réalisé par l'association Petits Frères des pauvres. En France, 900 000 personnes âgées de 60 ans et plus se sont isolées de leur famille et de leurs amis lors du premier confinement. Parmi elles, 300 000 ont vécu un isolement extrême, ne rencontrant quasiment jamais ou très rarement d'autres personnes. Une situation qualifiée de « mort sociale » contre laquelle le gouvernement n'a rien fait. Sans compter les consignes de ne pas traiter les malades et d'utiliser le Rivotril intraveineux pour abréger leurs souffrances. Une autre agression violente contre nos anciens a été l'obligation du passe sanitaire pour les visiteurs. Ainsi, de nombreuses personnes âgées n'ont plus reçu la visite des êtres chers de leur famille. Et cette situation abominable a perduré jusqu'à la fin de l'été 2022.

Enfin, jamais aucun de nos dirigeants n'a fait jumeler – ou même pensé jumeler ! – un Ehpad et un hôpital. Les Ehpad n'étant en effet pas adossés à l'hôpital public, les premiers ne peuvent donc pas envoyer facilement de patients dans les seconds. Alors qu'ils manquent, on le sait, cruellement de médecins. Comment expliquer une telle aberration ?

Pour un gouvernement qui nous a vendu tout au long de l'épidémie vouloir protéger les personnes âgées, on frôle la non-assistance à personne en danger.

Question 27

Le ministre de la Santé a-t-il abandonné les étudiants ?

Le gouvernement prétend avoir pris autant soin des étudiants que des personnes âgées : y a-t-il quelque chose de vrai dans cette proclamation ? Dans le rapport 2022 de la Cour des comptes, on apprend que le gouvernement, celui-là même qui prend toutes les décisions pour notre bien, qui est donc censé savoir de quoi il parle, en réalité, ne sait pas grand-chose : « Dans la mesure où le ministère de l'Enseignement supérieur ne disposait pas de données consolidées sur les étudiants en situation de précarité, la Cour s'est appuyée, quand elles existaient, sur les études réalisées par l'Institut national de la statistique et des études économiques (Insee). » Ça commence fort : comment veiller sur une population dont on ne sait rien ? Comment devancer les besoins ? Pallier les manques ?

En allant au plus visible : le gouvernement n'a d'abord aidé que les boursiers. « Les premiers de cordée », comme dit Emmanuel Macron. « Ce choix de cibler les étudiants boursiers, qui constituent par nature un public plus facilement identifiable car bénéficiant déjà d'aides, n'était pas assis sur une analyse approfondie de la précarité et des besoins induits par la crise sanitaire. […] La pandémie a montré qu'une partie des étudiants non boursiers était nettement exposée au risque de précarité en de telles circonstances. Non ciblée par les dispositifs préexistants, cette population étudiante, dont l'importance est difficile à évaluer, a été délaissée. »

Après n'avoir testé que les gens dont on savait qu'ils étaient déjà malades, le gouvernement n'a aidé que les étudiants qui bénéficiaient déjà d'une aide. Laissant s'installer une extrême précarité matérielle : « Le tarif des repas servis dans les restaurants universitaires a été réduit de 3,30 euros à 1 euro à partir du 31 août 2020, au profit des seuls étudiants boursiers. Dans un second temps, la mesure a été élargie fin janvier 2021 à l'ensemble des étudiants. »

Les étudiants sont nombreux à avoir souffert de dépression : « Les analyses montrent que, sur toute la période considérée, les étudiants sont plus touchés que les non-étudiants par les problèmes de santé mentale. Ils sont ainsi 36,6 % à déclarer des symptômes dépressifs […] et 27,5 % des symptômes d'anxiété […]. De plus, 12,7 % des étudiants ont rapporté des pensées suicidaires[1]. » Alors le gouvernement a mis en place une mesure, qui a au moins le mérite d'exister : le « chèque psy », soit trois séances de thérapie gratuites, relevé à cinq si besoin. Peu de chance que les tendances suicidaires de nos étudiants disparaissent après six heures de thérapie, mais l'offre est disponible. Seul bémol : il a été mis en place un an après le début de la pandémie.

1. Rapport annuel de la Cour des comptes 2022, https://www.ccomptes.fr/fr/publications/le-rapport-annuel-public-2022.

Question 28

A-t-on (bien) pris en charge les personnes fragiles ?

« Dès le premier confinement, début 2020, le président Emmanuel Macron a souhaité placer la santé mentale au cœur du débat public », peut-on lire sur le site Internet de l'Élysée. Le gouvernement a donc proposé un dispositif similaire à celui mis en place pour les étudiants : « Monpsy », huit séances de psychothérapie par an remboursées, sur prescription médicale. Là encore, il a fallu attendre deux ans – deux ans ! – pour que le gouvernement passe des mots aux actes ; Olivier Véran ayant annoncé en mars 2022 qu'environ 1 000 psychologues (pour 69 millions de Français !) s'étaient portés volontaires, les patients risquent de se bousculer aux portes des cabinets.

Parce que oui, les confinements successifs, la peur d'attraper ce virus dont le gouvernement, le Conseil scientifique, les médias nous rabâchaient à longueur de journée qu'il était d'une extrême dangerosité, la mise à l'arrêt de l'économie et l'absence de vie sociale ont plongé les Français dans un état émotionnel et psychologique déplorable. La Direction de la recherche, des études, de l'évaluation et des statistiques, la DREES, présente un rapport, le 12 mars 2021, qui révèle qu'« en mai 2020, à l'issue du premier confinement national, 13,5 % des personnes âgées de 15 ans ou plus vivant en France présentent un syndrome dépressif, soit presque une personne sur sept. La prévalence de syndromes dépressifs est en hausse de 2,5 points par rapport à 2019. L'augmentation est notamment plus forte chez les 15-24 ans (22 % en mai 2020, contre 10,1 % en 2019). »

Le jour où le dispositif « Monpsy » est mis en place, Olivier Véran monopolise les plateaux télé : « Le 5 avril, ce dispositif voulu par le président de la République sera pleinement opérationnel. […] c'est un progrès considérable pour l'accès psychique et psychologique dans notre pays. Ça va concerner des dizaines, des centaines de milliers de Français. […] Le dispositif commence en temps et en heure. » C'est plutôt la communication du gouvernement que le président a mise « au cœur du débat public », parce que, pendant les deux années où rien n'est fait, en attendant que soit enfin lancé « Monpsy », le taux de tentatives de suicide des enfants pendant le Covid explose. Le *Journal of the American Medical Asso-*

ciation (*JAMA*), publie le 7 octobre 2021, donc bien avant la date de mise en œuvre du dispositif « Monpsy », un article rédigé par des médecins français, et notamment un pédopsychiatre de l'hôpital Robert-Debré, à Paris, qui dénonce 299 % d'augmentation chez les moins de 15 ans.

Le rapport de la DREES précise que « les femmes sont [...] particulièrement vulnérables : 15,8 % en 2020 contre 12,5 % en 2019 ont déclaré des symptômes évocateurs d'un état dépressif ». L'étude relève notamment qu'est lié au syndrome dépressif « le fait de se retrouver confronté à des comportements violents, agressifs ou dégradants de la part de son conjoint ou partenaire », et que les violences familiales ont « augmenté de 9 % en 2020 par rapport à 2019 ». Isolés durant les confinements et les couvre-feux, des femmes, des enfants, des hommes parfois, se sont ainsi retrouvés seuls face à leurs bourreaux jour et nuit, souvent sans possibilité d'appeler à l'aide ou de fuir et sans avoir la possibilité de recourir à des dispositifs particuliers pour les épauler.

Et que dire de la prise en compte des handicapés pendant cette crise sanitaire ? L'Observatoire de l'emploi et du handicap rend un rapport en mars 2021 : « Près de 37 % des personnes en situation de handicap interrogées ont le sentiment d'une dégradation de leur état de santé physique et 32 % de leur santé mentale. [...] Plus de 50 % se sont senties isolées pendant la première période de confinement » ; 69 % ont aussi avoué avoir ressenti plus qu'auparavant des périodes intenses de stress, de nervosité ou d'anxiété pendant la crise, et 54 % d'entre elles avoir vécu des épisodes de dépression. Qu'a envisagé le gouvernement pour leur venir en aide ? Rien ou presque.

Enfin, le 13 mai 2020, Santé publique France a indiqué dans un rapport que « 27 % [des fumeurs] déclarent que leur consommation de tabac a augmenté depuis le confinement » et que, « pour Tabac Info Service, les appels reçus au 39 89 [...] avaient progressé de 14 % en février ». De même, « parmi les consommateurs d'alcool interrogés, 11 % déclarent que leur consommation d'alcool a augmenté depuis le confinement. [...] Pour Alcool Info Service, les sollicitations ont augmenté de 27 % en avril ». Après la publication des résultats, Viêt Nguyen Thanh, responsable de l'unité addictions à la direction de prévention et promotion de la santé à Santé publique France, explique l'explosion de ces taux : « L'ennui, le manque d'activité, le stress et le plaisir sont les principales raisons mentionnées par les fumeurs ou usagers d'alcool ayant augmenté leur consommation. On note également que l'augmentation aussi bien pour le tabac que pour l'alcool est corrélée au risque d'anxiété et de dépression. » Depuis, aucune étude n'est parue sur le sujet. Mais au vu des données déjà disponibles deux mois après le début de la crise sanitaire, on peut s'étonner que le ministère de la Santé n'ait pas encore pris la question à bras-le-corps.

Question 29

Les gouvernants peuvent-ils être poursuivis pour leur gestion de la crise ?

En France, les élus s'en donnent à cœur joie. Vu le nombre hallucinant d'affaires révélées ces dix dernières années et celui bien moindre des condamnations dont ont écopé les politiques ou hommes d'affaires mis en cause, c'est même royal.

Et on ne parle pas d'affaires sans importance ni de sous-préfectures de province. Au contraire ! Les affaires touchent à des faits gravissimes : corruption, blanchiment d'argent, extorsion, détournement de fonds publics, abus de biens sociaux, emploi fictif, « phobie administrative », évasion fiscale… et au plus haut sommet de l'État. Parmi les plus « célèbres », résonnent les noms de présidents de la République, de ministres, de maires, d'hommes d'affaires d'entreprises du CAC 40.

Vous avez tous dû entendre parler des affaires suivantes : l'affaire Serge Dassault, l'affaire des écoutes et les soupçons de trafic d'influence autour d'un magistrat par Nicolas Sarkozy et son avocat Thierry Herzog, l'affaire Bygmalion, l'affaire Sarkozy-Kadhafi, l'affaire Woerth-Bettencourt, l'affaire Balkany, l'affaire Cahuzac, l'affaire Fillon, l'affaire des eurodéputés du FN et du MoDem. Ou encore les Panama Papers et les Pandora Papers, l'affaire Thévenoud, les affaires Benalla ou Ferrand, devenu président de l'Assemblée nationale.

Ces hommes politiques ont pour la plupart été condamnés, mais à des peines qui peuvent apparaître comme légères. D'autres sont, il est vrai, plus sévères depuis quelques années. De là à déduire que jamais les membres des gouvernements n'auront à justifier de leurs actes voire de leurs décisions, en France et à l'étranger…

Pas toujours devant la justice en tout cas : le 24 janvier 2022, la Cour de justice de la République annonce classer sans suite près de 20 000 plaintes (19 685 exactement) contre Jean Castex et plusieurs ministres dont Olivier Véran, Jean-Michel Blanquer ou Jean-Baptiste Djebbari (le ministre des Transports). Elles accusaient les ministres d'« extorsion », de « discrimination », de « publicité mensongère » ou d'« abstention de combattre un sinistre » : « Les faits dénoncés […] ne sont pas de nature à caractériser un délit », tranche la CJR, seule juridiction habilitée à juger les actes d'un ministre dans le cadre de sa fonction.

Ça revient à dire qu'ils ne seront jamais condamnés pour leurs décisions dans la gestion de cette crise.

La situation est très différente à l'étranger. En Espagne par exemple, l'état d'urgence sanitaire qui avait induit le premier confinement a été jugé anticonstitutionnel par la Cour suprême, en octobre 2022. L'État espagnol avait été sommé de rembourser toutes les amendes encaissées durant cette période. Il y a donc des pays où le mot « justice » veut encore dire quelque chose. Idem plus loin de chez nous, comme en Thaïlande. Le mot *keadilan*, « justice » en thaïlandais, a aussi du sens. Le 16 janvier 2022, leur bureau de la sécurité nationale (NHSO), annonce par la voix de sa secrétaire générale, Jadet Thammathat-Aree, que le NHSO « a déjà approuvé l'indemnisation de 9 551 personnes qui ont déposé des plaintes après avoir développé des effets secondaires dus à la vaccination contre le Covid ». Chaque invalide, suite à la vaccination anti-Covid, a perçu 6 584 euros et 91 centimes, et chaque famille ayant perdu un vacciné a touché 10 974 euros et 85 centimes. Ça ne ramènera pas les personnes décédées, mais dans une société où le salaire mensuel moyen avoisine les 500 euros, c'est bien mieux que chez nous !

Certains pays ont un sens de la justice diamétralement opposé, comme Israël, où le paroxysme du je-m'en-foutisme politique semble atteint. Le 12 décembre 2021, le Comité consultatif israélien sur la sécurité des vaccins dit non à l'administration d'une quatrième dose de vaccin contre le Covid, ainsi qu'à la réduction du délai entre la deuxième injection et la dose de rappel. Or, le 22 décembre, donc dix jours après que les autorités compétentes eurent opposé une fin de non-recevoir, le gouvernement décide de lancer les nouvelles injections, devenant ainsi le premier pays au monde à vacciner avec une quatrième dose. Depuis, la France a emboîté le pas à Israël puisque la quatrième dose est désormais fortement conseillée aux plus de 60 ans.

Moralité : l'herbe n'est pas plus verte ailleurs. Mais pas de quoi s'en réjouir.

Question 30

Les autorités sanitaires nous ont-elles tout dit ?

Depuis quelques mois, l'épidémie est présumée endiguée et on ne voit plus que rarement les représentants des autorités sanitaires sur les plateaux de télévision. Ces spécialistes ne sont pas de « bons clients », comme disent les journalistes : ils sont lugubres et ne savent pas, mais alors pas du tout, simplifier leur propos. En revanche, les autorités produisent un nombre considérable de rapports, qui regroupent les résultats de leurs investigations et livrent des informations d'une extrême importance. Que ni le gouvernement ni les laboratoires ne nous ont jamais délivrées, à nous, le grand public.

Car oui, il est des périodes où les autorités sanitaires disent tout de façon transparente. Et ça fait froid dans le dos.

Non seulement elles ne dissimulent rien, mais elles mettent tout par écrit. L'Agence nationale de sécurité du médicament et des produits de santé, l'ANSM, a par exemple sorti un rapport en mars 2022 qui s'intitule : « Suivi des cas d'effets indésirables des vaccins Covid-19. Données du 11/02/2022 au 24/02/2022 ». Jamais aucun laboratoire, et encore moins le gouvernement, ne communique sur le sujet.

Le rapport fait d'abord un point précis sur la vaccination. On apprend ainsi que plus de 140 940 600 injections ont été réalisées au total au 24 février 2022 en France, réparties ainsi :

– Plus de 108 597 700 injections avec COMIRNATY (BioNTech-Pfizer) ;

– Plus de 23 402 400 injections avec SPIKEVAX (Moderna) ;

– Plus de 7 856 100 injections avec VAXZEVRIA (AstraZeneca) ;

– Plus de 1 084 300 injections avec Covid-19 Vaccine (Janssen).

Le résultat est limpide : les faits, rien que les faits. La suite du rapport est tout aussi factuelle, mais moins anodine : elle énumère, vaccin par vaccin, l'interminable liste des graves effets indésirables développés par les patients vaccinés.

Qu'on ne me fasse pas dire ce que je ne dis pas : presque deux ans après la première campagne de vaccination contre le Covid, je le répète, je ne suis toujours pas devenu antivax et je considère que les accidents thérapeutiques très rares sont inévitables dans le cadre d'injections de vaccins.

Ce que je ne tolère pas, en revanche, c'est que le gouvernement et les laboratoires les occultent sciemment, empêchant les citoyens de se faire leur propre opinion et de prendre des décisions éclairées par les informations à leur disposition.

Que nous dit donc le rapport ? « 145 020 cas » ont déclaré des effets indésirables pour l'ensemble des vaccins depuis le début de la vaccination, dont 25 % sont graves. Un quart ! On aurait pu s'attendre à ce que l'ANSM communique sur ces résultats. Eh bien non ! Aucun organe de presse ne relaie que 25 % des gens présentant des effets secondaires avaient développé des troubles graves. Sans compter, et cela depuis le début de la pharmacovigilance des médicaments, qu'une minorité seulement de ces troubles est déclarée.

De quoi parle-t-on ? L'ANSM liste tous les effets indésirables graves et dits « sous surveillance » – c'est-à-dire déjà répertoriés – de chacun des quatre vaccins (Pfizer, Moderna, AstraZeneca et Janssen). Je vous fais grâce d'une lecture exhaustive, énumération fastidieuse et anxiogène dont il ne faut retenir qu'une chose : d'après l'ANSM, se faire vacciner, c'est prendre le risque d'être possiblement paralysé, handicapé, stérile, mort, ou de perdre l'enfant qu'on attend[1] !

Concernant le vaccin Janssen, l'ANSM précise : « Dans son avis du 17 février 2022, la HAS (Haute Autorité de santé) recommande de reporter la vaccination avec le vaccin Janssen. […] à l'exception des personnes à risque de forme sévère de la maladie qui présentent une contre-indication à l'administration d'un vaccin à ARNm. » Contrairement aux trois autres, le vaccin Janssen n'est pas un produit génique. Mais il peut tuer, comme les trois autres : « Quatre cas ont été rapportés chez des patients cinquantenaires et un quarantenaire, dont deux de moins de 55 ans ont été observés depuis le début du suivi. Trois patients ne sont pas rétablis au moment de la déclaration », explicite le rapport.

Vous vous demandez peut-être pourquoi les autorités sanitaires ne communiquent pas ces informations ailleurs que dans des rapports scientifiques ? Pourquoi ne les étalent-elles pas en place publique ? Pour ne pas être taxées de complotistes antivax… ? Ou plus sûrement parce que les patrons des institutions sanitaires françaises obéissent au président de la République, qui les nomme, les paie et peut les virer à n'importe quel moment ?

---

1. https://ansm.sante.fr/uploads/2022/06/30/20220623-vaccins-covid-19-fiche-de-synthese-ansm-2.pdf.

Question 31

La crise a-t-elle accentué les inégalités entre les riches et les pauvres ?

Cette crise n'a pas été vécue de la même façon par tous les êtres humains. Mais elle a contribué à creuser les inégalités partout dans le monde.

Les riches sont devenus de plus en plus riches et se sont même enrichis durant la pandémie. L'Oxfam[1], dans son rapport de janvier 2022, révèle : « Depuis le début de la pandémie, le monde compte un nouveau milliardaire toutes les 26 heures. Les dix hommes les plus riches du monde ont vu leur fortune doubler, alors que 99 % de l'humanité a des revenus moins importants que prévu, à cause du Covid-19. [...] Pendant la pandémie [...], la fortune des milliardaires a connu la plus forte augmentation jamais enregistrée. Elle atteint aujourd'hui un niveau abso-

1. L'Oxford Committee for Famine Relief, ou Comité de lutte contre la famine, regroupant 21 organes mondiaux.

lument inédit. Il s'agit de la plus forte hausse de la fortune des milliardaires depuis que ces données sont recensées. La tendance est alarmante. La richesse des milliardaires a augmenté davantage depuis le début de la pandémie qu'au cours des quatorze dernières années. »

Le Fonds monétaire international, le 11 mai 2020, a considéré la crise du Covid comme « le pire désastre économique depuis la Grande Dépression […]. Une grande majorité d'économistes de premier plan pensent que la pandémie va aggraver les inégalités ».

La crise du Covid, crise sanitaire et économique mondiale, a accentué les disparités entre les pays riches et les pays pauvres. C'est aussi une crise politique, de nombreux pays n'ayant pu, faute de moyens, prendre des mesures efficaces pour soulager des populations déjà fragiles : « Dans de nombreux pays à haut revenu, la perte du revenu du travail ou de l'activité commerciale a été atténuée par les mesures d'urgence adoptées en matière d'avantages octroyés et d'emploi. Dans les pays privés de soutien du revenu, les groupes vulnérables, tels que les femmes, les minorités et les jeunes, ont été particulièrement affectés[1]. »

La pauvreté a elle aussi gagné du terrain, de

1. https://credit-suisse.com, Global Wealth Report 2021.

façon dramatique : « La diminution des revenus s'est traduite par une forte augmentation de la pauvreté à l'échelle mondiale. Environ 97 millions de personnes supplémentaires vivent avec moins de 1,90 dollar par jour à cause de la pandémie, soit une hausse du taux de pauvreté mondial de 7,8 à 9,1 %, et 163 millions de plus vivent avec moins de 5,50 dollars par jour. On estime que trois à quatre années de progrès vers l'élimination de l'extrême pauvreté dans le monde ont été perdues[1]. »

Enfin, certains États, dont la France, ont pris des décisions qui ont impacté négativement la vie des gens, creusant les écarts existants entre les classes sociales. L'Insee, le 3 décembre 2020, constate : « En France, 715 000 emplois ont été détruits au premier semestre 2020, en premier lieu dans l'intérim [...], un quart des ménages estime que sa situation financière s'est dégradée avec le confinement, plus particulièrement ceux qui ont réduit leur activité, ceux ayant des enfants et ceux dont les revenus étaient initialement bas [...]. L'accès à un espace extérieur privatif et la taille du logement ont également pesé sur ce ressenti, plus particulièrement sur les ménages modestes ou avec enfants. »

---

1. https://www.banquemondiale.org, 7 octobre 2021.

Question 32

La crise a-t-elle impacté la condition de la femme dans le monde ?

La crise du Covid a été nuisible pour les femmes, à tous les niveaux, quels que soient leur nationalité, leur statut économique ou social.

Le confinement a accentué les inégalités hommes-femmes : l'Insee révèle, le 3 décembre 2020 : « En confinement, les femmes ont continué d'assumer l'essentiel des tâches domestiques et parentales, même quand elles travaillaient à l'extérieur : 19 % des femmes et 9 % des hommes de 20 à 60 ans ont consacré au moins quatre heures par jour en moyenne aux tâches domestiques ; 43 % des mères et 30 % des pères ont passé plus de six heures quotidiennes à s'occuper des enfants. »

Mais l'impact n'est pas que français ; il est mondial, dans des proportions qui font froid dans le dos : « Une autre génération de femmes devra attendre la parité entre les sexes. Alors que l'impact de la pandémie de Covid-19 continue de se faire sentir, la réduction de l'écart mondial entre les sexes a augmenté d'une génération, passant de 99,5 ans à 135,6 ans[1]. »

La crise a aussi fait exploser les inégalités en termes d'emploi et de salaire : « Il y aura 13 millions de femmes ayant un emploi en moins en 2021 par rapport à 2019 […]. Dans le monde, seulement 43,2 % des femmes en âge de travailler auront un emploi en 2021 par rapport à 68,6 % des hommes en âge de travailler […] les femmes ont subi des pertes disproportionnées en matière d'emplois et de revenus en raison du fait qu'elles étaient surreprésentées dans les secteurs les plus touchés comme l'hôtellerie et la restauration ainsi que le secteur manufacturier[2]. » Quant à la perte de revenus spécifiques des femmes, il est abyssal : « Les femmes, qui ont subi les impacts économiques les plus durs de la pandémie, ont perdu collectivement 800 milliards de dollars de revenus en 2020[3]. »

Enfin, cette crise a été le terreau d'une augmentation généralisée des violences envers les femmes, physiques ou psychologiques : « La pandémie de

---

1. https:// www.fr.weforum.org, rapport mondial de 2021 sur l'écart entre les sexes, Forum économique mondial.

2. Note du 19 juillet 2021 de l'Organisation internationale du travail, institution des Nations unies.

3. https://www.oxfam.org, rapport Oxfam, janvier 2022.

Covid-19 est susceptible d'entraîner une réduction d'un tiers des progrès vers la fin de la violence sexiste d'ici 2030 […]. Tous les trois mois de confinement, 15 millions de cas supplémentaires de violence sexiste sont attendus […]. En raison des perturbations liées à la pandémie dans les programmes de prévention, 2 millions de cas de MGF (mutilations génitales féminines) pourraient survenir au cours des prochaines décennies qui auraient autrement été évités[1]. »

Les taux de féminicides ont battu de terribles records : « Au Royaume-Uni, la moyenne des féminicides commis en un mois donné était près de trois fois plus élevée que la moyenne enregistrée pour ce même mois au cours des dix dernières années[2]. »

---

1. https://www.unfpa.org, rapport de l'United Nation Population Fund, avril 2020.
2. Rapport Oxfam 2022 citant l'étude « Pandémies sexospécifiques : suicide, féminicide et Covid-19 » parue le 31 janvier 2021 dans le *Journal of Gender Studies*, revue d'études sur les genres.

Question 33

Nos dirigeants sont-ils déconnectés de la réalité ?

Je me suis souvent demandé, en lisant les kilomètres d'études et de rapports disponibles, pourquoi aucun homme politique français ou étranger n'avait vu venir ces crises, qui découlent toutes d'une crise principale : le Covid. Je crois avoir enfin la réponse : ils ne sont pas comme nous. Ils n'ont pas les mêmes préoccupations que nous et ne peuvent donc pas se mettre à la place des peuples, puisqu'ils n'en sont pas.

D'abord ils sont riches. Très riches même pour certains : on a du mal à imaginer que Donald Trump puis Joe Biden aient pu souffrir du confinement dans les 5 000 mètres carrés dont l'immense jardin de la Maison-Blanche. Ou que nos ministres, dont quatorze sur les quarante-trois du gouvernement Castex étaient millionnaires, soit quasi un sur trois, aient mal vécu les trois années écoulées – à part politiquement bien sûr… Sans compter ceux mis régulièrement en examen par la justice !

Les hommes politiques ignorent tout de ce qu'est le quotidien des Français. « On a échoué jusqu'à présent à ancrer le président dans le terroir, alors qu'il est un provincial. Il est perçu comme faisant partie de l'élite, hors sol », disait un conseiller du président dans un grand entretien accordé par Macron lui-même au journal *Zadig*, le 26 mai 2021. Il ne tient qu'à lui de passer du temps avec les « vraies gens », ceux qui ont vécu dans des appartements trop petits, en télétravail pour ceux qui en ont un, avec les enfants autour censés avoir école à la maison, les confinements successifs, pour se rendre compte à quel point tout ce beau monde a été à côté de la plaque dans la gestion de notre pays en général et de cette crise sanitaire en particulier.

On le savait ? Ce n'est pas une raison pour ne pas le dire, et le redire sans cesse. Jusqu'au jour où on commencera à voir des changements !

Publications

1. Davido B., Boussaïd G., Vaugier I., Lansaman T., Bouchand F., Lawrence C., Alvarez J. C., Moine P., Perronne V., Barbot F., Saleh-Mghir A., Perronne C., Djillali A., de Truchis P., Covid-19 RPC Team, « Impact of medical care, including use of anti-effective agents, on prognosis of Covid-19 hospitalized patients over time » (Impact temporel des soins médicaux, incluant l'utilisation des anti-infectieux, sur le pronostic des patients Covid-19 hospitalisés), *International Journal of Antimicrobial Agents*, 2020, 56, Doi : 10.1016/j.ijantimicag.2020.106129.

2. Lacout A., Perronne C., Lounnas V., « Hydroxychloroquine in hospitalized patients with Covid-19 » (Hydroxychloroquine chez les patients Covid-19 hospitalisés), *New England Journal of Medicine*, 2021, 384, p. 881-882.

3. Lounnas V., Lacout A. Azalbert X., Perronne C., « Revisiting a meta-analysis shows that hydroxychloro-

quine with azithromycin may be efficients in Covid-19 patients » (Revue critique d'une méta-analyse montrant que l'hydroxychloroquine avec l'azithromycine peuvent être efficaces chez les patients atteints de Covid-19), *Archives of Microbiology & Immunology*, 2021, 5, p. 154-175.

4. Lacout A., Marcy P.Y., Perronne C., « Chronotherapy in Covid-19 disease » (Chronothérapie de la maladie Covid-19), *Journal of General Internal Medicine,* 2021, Doi : 007/s11606-021-06719-3.

5. Lacout A., Lounnas V., Perronne C., « Timing and dosage may be the key in the realisation of hydroxychloroquine + azithromycin treatment benefit in Covid-19 elderly patients » (Le moment du début du traitement et les dosages peuvent être déterminants pour le bénéfice du traitement hydroxychloroquine + azithromycine chez des personnes âgées atteintes de Covid-19), *International Journal of Antimicrobial Agents*, 2021, Doi : 10.1016/j.ijantimicag.2021.106314.

6. Lounnas V., Lacout A., Azalbert X., Perronne C., « Shunt due to hydroxychloroquine sublethal dosage resulted in excess transfer to mechanical ventilation and death in hospitalized patients with Covid-19 » (Le shunt pulmonaire dû à l'utilisation d'un surdosage sub-létal d'hydroxychloroquine a entraîné un transfert excessif des malades Covid-19 en réanimation pour ventilation mécanique et un excès

de mortalité), *Archives of Microbiology & Immunology*, 2021, 5, p. 154-175.

7. Alvarez J. C., Moine P., Davido B., Etting I., Annane D., Larabi I.A., Simon N., Garches Covid-19 Collaborative Group, « Population pharmacokinetics of lopinavir/ritonavir in Covid-19 patients » (Pharmacologie populationnelle du lopinavir/ritonavir chez les patients Covid-19), *European Journal of Clinical Pharmacology*, 2021, 77, p. 389-397.

8. Bessis S., Dinh A., Gautier S., Davido B., Levy J., Lawrence C., Lot A.S., Bensmaïl D., Rech C., Farcy-Afif M., Bouchand F., de Truchis P., Herrmann J. L., Barbot F., Orlikowski D., Moine P., Perronne C., Josseran L., Prigent H., Annane D., « A restructured hospital into one-building organization for Covid-19 patients: A resilient and effective response to the pandemic » (La restructuration de l'hôpital pour regrouper les malades Covid-19 dans un seul bâtiment : une réponse résiliente et efficace à la pandémie), *Frontiers in Public Health*, 2022, Doi : 10.3389/fpubh.2022.709848.

Remerciements

À tous ceux qui ont souffert ou qui souffrent encore des conséquences de la crise du Covid, notamment aux proches de ma famille.

À Ambre Bartok avec qui la collaboration est toujours aussi sympathique, dynamique et efficace.

À Alexandre Wickham et à toute l'équipe d'Albin Michel pour leur aide et leur confiance.

À Valérie Colom-Bisbal et Bertrand Pasquet.

À tous les esprits éveillés du monde.

DU MÊME AUTEUR

Aux Éditions Albin Michel

Y a-t-il une erreur qu'ILS n'ont pas commise ?, 2020
Décidément, ILS n'ont toujours rien compris, 2021

Chez d'autres éditeurs

La Vérité sur la maladie de Lyme, Odile Jacob, 2019
Cryoto-infection : The Truth about Lyme Disease and Other Hidden Infections, Hammersmith, 2020

Composition Nord Compo
Impression CPI Bussière en octobre 2022
Éditions Albin Michel
22, rue Huyghens, 75014 Paris
www.albin-michel.fr
ISBN : 978-2-226-47443-8
N° d'édition : 25008/01 – N° d'impression : 2064868
Dépôt légal : novembre 2022
Imprimé en France